AF550245

SOFIA KAYALI

TÜRKISCHES KOCHBUCH

Email: info@edition-lunerion.de
www.edition-lunerion.de

Psiana eCom UG
Berumer Str. 44
26844 Jemgum

Vorwort

Bei türkischem Essen denken Sie nur an Döner und Ihren Lieblingsimbiss um die Ecke? Damit tun Sie der türkischen Kochkunst gewaltig Unrecht! Denn die überwältigende Vielfalt der traditionsreichen Küche ist weltweit einzigartig – und mit diesem Buch zaubern Sie sich die reichhaltigen Schlemmereien ganz einfach selbst auf den Tisch!

Türkisblaues Meer, endlose Strände und überwältigende Gastfreundschaft: Das macht Türkei-Urlaub aus und wenn Sie je eine solche Reise genossen haben, dann kennen Sie vermutlich auch die verlockende Landesküche. Mit arabischen, kurdischen, armenischen, kaukasischen, afghanischen und sogar indischen und auch westeuropäischen Einflüssen ist sie unvergleichlich facettenreich, würzig und aromatisch und bietet somit für jeden Geschmack reichlich Auswahl. Ob Sie es deftig mögen oder leicht, mit Fleisch oder Fisch, vegetarisch oder gar vegan – hier entdecken Sie zahlreiche Schlemmereien für Frühstück, Vorspeise, Beilage, Hauptgericht, Dessert und vieles mehr. Dank reichlicher und raffiniert kombinierter Kräuter und Gewürze erleben Sie auch bekannte Nahrungsmittel in völlig neuem geschmacklichem Gewand und entdecken jede Menge kulinarische Überraschungen.

Guten Appetit und Afiyet olsun!

INHALT

Die türkische Küche

Die türkische Küche gilt weltweit als die vielfältigste und interessanteste Küche. In ihr vereinen sich Einflüsse der alten nomadischen Kochkunst der Turkvölker mit arabischer, kurdischer und persischer Küche. Doch auch afghanische und indische Einflüsse sind zu finden, ebenso wie vereinzelte Komponenten der Mittelmeerküche. Darüber hinaus wurde die türkische Küche auch von der aramäischen sowie armenischen Küche geprägt und von verschiedenen Einflüssen der Kaukasusregion geformt. Doch auch europäische Gerichte und Zubereitungsarten veränderten während der Osmanenzeit die türkische Küche nachhaltig.

All diese verschiedenen Einflüsse machten die türkische Küche letztendlich zu dem, was sie heute ist: abwechslungsreich, vielfältig, vielseitig und einfach lecker.

Es ist also nicht verwunderlich, dass auch die türkische Küche inzwischen Einfluss auf die Kulinarik in Europa genommen hat. Den hohen Stellenwert von Kaffee, Marzipan oder Joghurt haben wir nicht zuletzt der Einflussnahme der türkischen Küche zu verdanken. Und auch Speisen wie Lahmacun, Pide und Kebap kann man in Deutschland nahezu überall genießen.

Mahlzeiten, Rituale und Besonderheiten

In der türkischen Kultur besteht ein Tag traditionellerweise aus drei (teils auch vier) Mahlzeiten. Hierbei sind zwei der drei Mahlzeiten nur leichte Zwischenmahlzeiten, während die andere als vollwertige Hauptmahlzeit gilt.

Die erste Mahlzeit wird in der Regel nach dem Morgengebet zu sich genommen. Diese Mahlzeit gilt eher als kleine Zwischenmahlzeit, um den Magen leicht zu füllen. Daher wird sie in einigen Regionen der Türkei auch „Kuslug Yemegy“ genannt, was übersetzt in etwa „Vogelhäuschen-Mahlzeit“ heißt. Die Kuslug Yemegy besteht im Normalfall aus einer Tasse Tee, etwas Brot sowie Oliven, Tomaten und Käse.

Wer mittags Hunger hat, isst häufig einfach die Reste vom Vortag, anstatt aufwendig zu kochen. Dies ist somit keine feste Mahlzeit, sondern eher ein variables Mittagessen für diejenigen, die es nicht schaffen, ohne weitere Mahlzeit bis zum Abend auszuhalten.

Nach dem Abendgebet folgt dann die eigentliche Hauptmahlzeit. Zu dieser Zeit wird sehr zeitintensiv, aufwendig und üppig gekocht und das anschließende Essen auch gemeinsam zelebriert.

Die letzte Mahlzeit des Tages wird wieder in Form einer leichten Mahlzeit zu sich genommen. Besonders in den langen, dunklen Nächten der

Wintermonate sitzen die Türken oftmals noch lange zusammen und genießen süßes Gebäck, Obst oder auch eine Suppe.

Als Besonderheit gilt hierbei der Ramadan. Dabei gelten für gläubige Muslime besondere Regeln, die besagen, dass ab eine Stunde vor dem Morgengebet bis nach dem Abendgebet keinerlei Nahrungsaufnahme stattfinden darf. Nur zwischen Sonnenunter- und Sonnenaufgang ist es somit erlaubt zu essen, sodass die Muslime versuchen, nur in dieser Zeitspanne ihren Nahrungsbedarf zu decken. Zwischen Sonnenuntergang bis Sonnenaufgang wird dann gemeinsam gegessen, weshalb diese Fastenzeit auch als besonders verbindend gilt.

Nur Kinder, kranke oder sehr alte Menschen nehmen an dieser Fastenzeit nicht teil.

Am Ende des Ramadans steht das Zuckerfest, das als „Fastenbrechen“ gilt. An diesem Tag werden besonders aufwendige Festgerichte gekocht, gemeinsam gegessen und das Ende der Fastenzeit gebührend gefeiert.

Die berühmte Gastfreundschaft

Die Türken gelten allgemein als sehr gast- und kinderfreundlich. Ob mit der Familie, Freunden oder auch Nachbarn, jeder ist ein gern gesehener Gast und wird liebend gern bekocht und kulinarisch verwöhnt. Hierbei spielt es auch keine Rolle, wie wohlhabend der Gastgeber ist – das Motto lautet stets „geteilte Freude ist doppelte Freude".

Ob diese Gastfreundschaft dem Koran zugrunde liegt, welcher besagt, dass jeder Gast auch ein Gast Allahs sei, oder aber einfach ein Charakterzug der Türken ist, bleibt hierbei offen. Doch seien Sie sich sicher: Es wird gekocht, gegrillt, gebacken, gebraten und serviert, bis jeder Gast satt und rundum glücklich ist.

Besondere Zutaten von A bis Z

Ayran: Ayran besteht aus Joghurt, Wasser und Salz und kann sowohl als Getränk als auch zum Zubereiten von Soßen, Dips und Suppen verwendet werden.

Baharat: Baharat ist eine Mischung von verschiedenen Kräutern und Gewürzen. Der Gewürzmix besteht aus Minze, Petersilie, Paprika, Zimt, Kreuzkümmel, Knoblauch, Thymian und Pfeffer. Insbesondere beim Grillen ist Baharat für Fleisch und Gemüse zu empfehlen.

Bulgur: Bulgur ist Hartweizengrieß und findet in der türkischen Küche sowohl als klassische Beilage als auch als Zutat für verschiedene Salate oder Köfte Verwendung.

Granatäpfel: Der Granatapfel zählt in der Türkei als heimisches Obst, weshalb in vielen Gärten Granatapfelbäume zu finden sind. Die Kerne der Granatäpfel sind oftmals Teil von süßen Desserts oder Salaten. Darüber hinaus kann beispielsweise auch der Saft herausgepresst und verwendet werden.

Kreuzkümmel: Kreuzkümmel ist ein sehr beliebtes Gewürz in der türkischen Küche und wird insbesondere für Gerichte mit Fleischkomponenten gern verwendet.

Lokum: Lokum ist auch als „Türkischer Honig" bekannt, wobei es sich im Prinzip gar nicht um klassischen Honig handelt. Lokum ist ein Gemisch aus Zucker, Stärke, Pistazien und Nüssen und ist daher besonders süß.

Okra: Okraschoten ähneln in ihrem Aussehen kleinen Gurken, schmecken jedoch eher wie Bohnen. Das Gemüse ist in der türkischen Küche sehr beliebt und findet in vielen Gerichten seinen Platz.

Pastirmna: Pastirmna ist ein in Salz, Knoblauch und Kümmel gedörrtes Fleischgericht. Hierbei handelt es sich oftmals um Lamm oder Rind.

Pekmez: Pekmez ist ein aus Traubensaft hergestellter süßer Sirup. Er findet sowohl bei Fleischgerichten als auch bei Süßspeisen seinen Einsatz.

Pul Biber: Pul Biber ist ein Gewürz aus getrockneten Paprikaflocken. Es ist dunkelrot und sehr scharf. Pul Biber kann auch als eine Art Gewürzpaste verwendet werden. Hierbei wird das Gewürz mit Salz und Olivenöl kombiniert.

Sucuk: Sucuk ist eine sehr bekannte und beliebte Hartwurst. Sucuk ist mit sehr viel Knoblauch gewürzt und hat dadurch einen kräftigen Geschmack.

Tarhana: Tarhana ist ein Gemisch aus pürierten Paprika, Zwiebeln und Tomaten sowie Joghurt und Mehl. Diese Mischung wird dann vergoren, getrocknet und anschließend zur Herstellung von Suppen genutzt.

Nützliche Kitchen-Must-haves

Auflaufform	für Gemüse, Auflauf und Gratins
Backblech, Backpapier	zum Backen
Bräter	zum Garen von Speisen
Brettchen	zum Schneiden und Anrichten
Einmachgläser	für die langfristige Aufbewahrung von Fruchtmus, Marmeladen, Gelees, Soßen etc.
Fleischwolf	zum Zerkleinern von Fleisch, Obst und Gemüse
Förmchen, Dessertschälchen	für Desserts, Cremes und Küchlein
Güvec	ein ofenfester Schmortopf zum Garen von Fleisch und Gemüse

Kasserolle	ein kleiner Topf mit steilem Rand und Stiel zum Braten und Schmoren von Gemüse und Fleisch
Kuchenformen	für das Backen von Kuchen und Brot
Knoblauchpresse	erleichtert das Pressen und Zerdrücken von Knoblauchzehen
Mörser	zum Zerstoßen von Gewürzen und Kräutern
Muffinblech	als Hilfe beim Backen von Muffins und Cupcakes
Römertopf	ein Topf aus Ton zum Garen im Ofen
Silikonform	für Fruchtgummi und andere Motivgebäcke
Soufflésförmchen	feuerfeste Formen für das Backen im Ofen
Pfannenwender, Kochlöffel, Kellen	zum Rühren, Wenden, Abschöpfen etc.
Pürierstab, Standmixer	zum Pürieren und Mixen von Suppen, Eintöpfen und Soßen
Reibe	am besten mit verschiedenen Aufsätzen/Stärken zum Reiben von Obst, Gemüse oder beispielsweise Käse
Schneebesen, Handmixer	ideal zum Verquirlen von Soßen oder dem Mixen von Teig
Sieb	zum Abgießen/Abtropfen von (eingelegtem oder tiefgefrorenem) Obst oder Gemüse

Tepsi	eine Art Auflaufform, welche häufig in der türkischen Küche verwendet wird
Töpfe, Pfannen, Bräter	in verschiedenen Größen zum Anschwitzen, Kochen, Braten oder Vorgaren
Verschiedene Messer	zum Schneiden und Hacken von Obst, Gemüse, Fleisch und Kräutern

... alles da? Dann entdecken Sie jetzt die köstliche Vielfalt der türkischen Küche und starten Sie Ihre ganz persönliche Genuss-Reise durch die Türkei.

Frühstück

Auch wenn in der türkischen Küche eher selten ein klassisches Frühstück zubereitet wird, gibt es dennoch einige leckere und einfache Gerichte, mit denen Sie den Start in den Tag typisch türkisch genießen können.

MENEMEN (EIERSPEISE)

 2 Port.  15 Min.  Leicht

Zutaten

6 Eier
2 Tomaten
2 grüne Peperoni
1 Schuss Wasser
1 Schuss Öl
1 Prise edelsüßes Paprikapulver
1 Prise Knoblauchpulver
1 Prise Salz
1 Prise Pfeffer

Nährwerte p. P.

278 kcal
4 g Kohlenhydrate
21 g Fett
18 g Eiweiß

1 Zunächst die Tomaten waschen, die Stielansätze entfernen und das Fruchtfleisch würfeln. Danach die Peperoni waschen, der Länge nach aufschneiden, die Kerne herauskratzen und die Schote in sehr feine Streifen schneiden. Nun das Öl in eine Pfanne füllen, heiß werden lassen und das vorbereitete Gemüse bei mäßiger Hitze für 2 bis 3 Minuten darin anschwitzen.

2 Währenddessen die Eier in eine Rührschüssel geben und mithilfe einer Gabel verquirlen. Danach mit Paprikapulver, Knoblauchpulver sowie Salz und Pfeffer würzen.

3 Als Nächstes das Gemüse in der Pfanne mit einem kleinen Schuss Wasser ablöschen und dann das verquirlte Ei dazugießen. Bei mäßiger Hitze für 3 bis 6 Minuten garen, bis das Ei fest wird. Zwischenzeitlich vorsichtig mit einem Holzlöffel verrühren.

Das fertige Menemen auf zwei Teller verteilen und noch heiß servieren.

CILBIR (POCHIERTE EIER)

2 Port.

30 Min.

Leicht

Zutaten

150 g Joghurt
2 Eier
1 Bund Petersilie
1 Knoblauchzehe
3 EL Butter
½ TL Pimenton de la Vera
½ TL Pul Biber
Essig
Salz
Pfeffer

Nährwerte p. P.

300 kcal
6 g Kohlenhydrate
26 g Fett
9 g Eiweiß

1 Zunächst die Schale der Knoblauchzehe abziehen und die Zehe fein hacken. Anschließend die Petersilie waschen, trocken tupfen und ebenfalls hacken. Den Joghurt in eine Schüssel geben und mit dem Knoblauch und der Petersilie verrühren. Zum Schluss mit Salz und Pfeffer würzen.

2 Als Nächstes die Butter in einen Topf füllen, erhitzen und das Pul Biber sowie das Pimenton de la Vera einrühren. Den Topf von der Herdplatte nehmen und die Butter etwas abkühlen lassen.

3 Anschließend einen zweiten Topf mit Wasser befüllen, zum Kochen bringen und 3 EL Essig einrühren. Die Hitzezufuhr reduzieren, sodass das Wasser nur noch sanft köchelt. Ein Ei auf eine Schöpfkelle aufschlagen und dann mithilfe eines Schneebesens einen Strudel in das kochende Wasser rühren. Das Ei vorsichtig in den Strudel gleiten lassen und für etwa 3 Minuten im Wasser garen. Das pochierte Ei mithilfe der Schöpfkelle aus dem Wasser nehmen und auf einen Teller legen. Das zweite Ei auf die gleiche Weise zubereiten.

4 Zum Servieren den Joghurt auf zwei Schalen verteilen, zu gleichen Teilen mit der aromatisierten Butter beträufeln und mit je einem pochierten Ei belegen.

5 Abschließend mit etwas Pul Biber toppen und das fertige Cilbir servieren und genießen.

GÖZLEME (GEFÜLLTE TEIGFLADEN)

4 Port.

1 Std.

Leicht

Zutaten

Für den Teig:

500 g Weizenmehl
110 ml Milch
110 ml warmes Wasser
2 EL Olivenöl
1 TL Salz

Für die Füllung:

500 g Babyspinat
300 g Schafskäse
2 Gemüsezwiebeln
2 Knoblauchzehen
2 EL Olivenöl + etwas Öl zum Ausbacken
1 TL Chiliflocken
Salz
Pfeffer

Nährwerte p. P.

833 kcal
101 g Kohlenhydrate
37 g Fett
30 g Eiweiß

1 Zunächst das Mehl in eine Rührschüssel füllen und mit dem Salz vermischen. Anschließend die Milch und das Wasser sowie das Olivenöl hinzugießen und mithilfe einer Gabel grob mit dem Mehl verrühren. Anschließend mit den Händen zu einem homogenen, formbaren Teig verkneten. Den Teig in vier Teile zerteilen und je zu einer Kugel rollen. Die Kugeln mit einem Küchenhandtuch locker abdecken und für ca. 30 Minuten an einem warmen Ort gehen lassen.

2 Währenddessen den Spinat waschen und mit einem Küchenpapier ausgiebig trocken tupfen. Danach die Schale von der Zwiebel sowie dem Knoblauch abziehen und beides sehr fein hacken. Nun das Öl in eine tiefe Pfanne füllen, heiß werden lassen und den Knoblauch zusammen mit den Zwiebeln bei mäßiger Hitze für 1 bis 2 Minuten andünsten. Anschließend den Spinat hinzufügen und mit anschwitzen, bis der Spinat zusammenfällt. Mit Chiliflocken, Salz und Pfeffer würzen und dann aus der Pfanne nehmen. Den Spinat kurz abkühlen lassen, grob zerkleinern und dann in eine Schüssel umfüllen. Den Feta dazubröseln und gründlich mit dem Spinat vermischen.

3 Nun eine Arbeitsfläche mit etwas Mehl bestäuben und die Teigkugeln mithilfe eines Nudelholzes zu 1 cm dicken Fladen ausrollen. Die Spinat-Feta-Mischung zu gleichen Teilen auf je einer Seite der Teigfladen verteilen und diese im Anschluss zusammenklappen. Die Ränder fest zusammendrücken und die Teigtaschen somit verschließen.

4 Etwas Öl in eine beschichtete Pfanne füllen, erhitzen und die Teigtaschen bei mäßiger Hitze für 2 bis 3 Minuten pro Seite goldbraun ausbacken. Die fertigen Gözleme noch heiß servieren und genießen

Brote

In der türkischen Küche ist Brot ein wichtiger und grundlegender Bestandteil. Ob das klassische Weißbrot oder Gebäck aus Hirse und Vollkorn – Brot hat einen hohen Stellenwert und ist zudem eine beliebte Beilage zu diversen herzhaften Gerichten. Hierbei wird das Brot häufig mit Sesam oder Schwarzkümmel bestreut, was als besonders typisch für die türkische Küche gilt. Zudem haben viele Speisen einen Teigboden als Grundlage, wie beispielsweise das Pide oder auch Lahmacun.

ACMA (BRÖTCHEN)

10 Port.

16 Std. 45 Min.

Mittel

Zutaten

Für den Teig:

500 g Weizenmehl Typ 550
150 g Joghurt
40 ml Sonnenblumenöl
20 ml Wasser
11 g Salz
10 g Honig
5 g Frischhefe
1 Ei

Zusätzlich:

20 ml Milch
1 Eigelb
1 Prise Zucker
1 Prise Salz
Schwarzkümmel
weißer Sesam
schwarzer Sesam

Nährwerte p. P.

236 kcal
37 g Kohlenhydrate
6 g Fett
7 g Eiweiß

1 Zunächst den Joghurt in eine Schüssel füllen, den Honig hinzugeben und die Hefe dazubröseln. Alles gründlich miteinander verrühren. Anschließend das Mehl einrieseln lassen sowie das Ei hinzufügen und alles für etwa 10 Minuten zu einem homogenen Teig verkneten. Währenddessen schlückchenweise das Wasser dazugießen und einarbeiten. Zum Schluss noch das Salz untermischen und portionsweise das Öl dazugießen. Nochmals ausgiebig durchkneten und im Anschluss für etwa 60 Minuten bei Zimmertemperatur ruhen lassen.

2 Nach Ende der Ruhezeit den Teig nochmals durchkneten, auf einer bemehlten Arbeitsfläche ausrollen, mehrfach einschlagen und dann für etwa 12 Stunden im Kühlschrank durchkühlen lassen.

3 Nach Ablauf der Kühlzeit den Teig aus dem Kühlschrank nehmen und für ca. 60 Minuten auf Zimmertemperatur kommen lassen. Währenddessen eine Arbeitsfläche leicht einölen. Den Teig nun auf die vorbereitete Arbeitsfläche geben und in zehn gleich große Teile zerteilen. Die Teiglinge leicht länglich formen und mit der Nahtseite nach unten für etwa 10 Minuten ruhen lassen. Danach die Teigteile umdrehen und zu langen Strängen (ca. 45 cm) formen. Je zwei Stränge miteinander verflechten und zu einem Ring legen. Die Teigringe nebeneinander auf mehrere Bögen Backpapier legen, mit einem Küchenhandtuch abdecken und nochmals für ca. 90 Minuten gehen lassen.

4 In der Zwischenzeit den Backofen auf 220 °C Ober- und Unterhitze vorheizen und das Eigelb in eine Schüssel füllen. Das Ei mit der Milch, dem Zucker sowie dem Salz verrühren und die Teigringe damit bestreichen. Abschließend wahlweise mit Sesam oder Schwarzkümmel bestreuen. Die fertigen Teigringe samt Backpapier auf ein Backblech ziehen, in den Ofen schieben und für 12 bis 15 Minuten ausbacken.

5 Nach Ende der Backzeit die Bleche aus dem Ofen nehmen, das Gebäck mit einem Geschirrhandtuch bedecken und abkühlen lassen. Die fertigen Acma wahlweise lauwarm oder kalt servieren und genießen.

HAMUR TATLISI (TEIGTASCHEN)

5 Port.

1 Std.
40 Min.

Leicht

Zutaten

450 g Mehl
½ Pck. frische Hefe
1 Eigelb
200 ml Wasser
100 ml Öl
100 ml Milch
2 EL Zucker
1 EL Salz

Zusätzlich:
etwas flüssige Butter
Sesam
Schwarzkümmel

Nährwerte p. P.

527 kcal
71 g Kohlenhydrate
22 g Fett
10 g Eiweiß

1 Zunächst das Mehl in eine Schüssel füllen und mit dem Salz vermischen. Anschließend die Milch in eine zweite Schüssel gießen, den Zucker einrühren und die Hefe dazubröseln. Gründlich verquirlen und erst danach das Mehl-Salz-Gemisch einrieseln lassen. Ausgiebig miteinander verkneten und währenddessen portionsweise das Öl und im Anschluss das Wasser hinzufügen. Den Teig für etwa 10 Minuten zu einem homogenen Teig verkneten, die Schüssel mit einem Geschirrhandtuch bedecken und den Teig für ca. 30 Minuten ruhen lassen.

2 Nach Ende der Ruhezeit den Teig aus der Schüssel nehmen, nochmals durchkneten und anschließend zu kleinen Kugeln formen. Diese Kugeln leicht oval ausrollen und mit der flüssigen Butter bepinseln. Nun die Teiglinge einklappen, nochmals mit Butter bestreichen und erneut einklappen.

3 Als Nächstes den Backofen auf 180 °C Ober- und Unterhitze vorheizen und ein Backblech mit Backpapier auslegen. Die vorbereiteten Teiglinge auf das Backblech legen und nochmals für ca. 15 Minuten gehen lassen.

4 Nach Ablauf der Gehzeit die Teigtaschen mit dem Eigelb bepinseln, wahlweise mit Sesam oder Schwarzkümmel bestreuen und das Blech in den Ofen schieben. Für ca. 20 bis 25 Minuten goldbraun backen.

5 Die fertigen Hamur Tatlisi aus dem Ofen nehmen, kurz abkühlen lassen und wahlweise lauwarm oder kalt genießen.

BISI (PFANNENBROT)

8 Port.

1 Std. 25 Min.

Leicht

Zutaten

1 kg Mehl
1 Würfel frische Hefe
1 Glas Milch
½ Glas lauwarmes Wasser
½ Glas Öl + etwas Öl für die Pfanne
1 EL Salz

Nährwerte p. P.

551 kcal
90 g Kohlenhydrate
14 g Fett
14 g Eiweiß

1 Zunächst das Mehl in eine Rührschüssel füllen und mit dem Salz vermischen. Anschließend sowohl das Öl als auch die Milch und das Wasser hinzugießen, die Hefe dazubröseln und die Zutaten zu einem festen Teig verarbeiten. Den Teig mit einem Küchenhandtuch abdecken und für ca. 20 Minuten gehen lassen.

2 Nach Ende der Gehzeit den Teig nochmals durchkneten und kleine Kugeln (ca. 5 cm) formen. Die Teigkugeln einzeln zu Fladen ausrollen.

3 Als Nächstes etwas Öl in eine Pfanne füllen, erhitzen und die Teigfladen nacheinander bei mäßiger Hitze für 3 bis 4 Minuten pro Seite ausbacken. Die gebackenen Teigfladen auf einen mit Küchenpapier ausgelegten Teller legen und etwas abtropfen lassen.

4 Die fertigen Bisi wahlweise lauwarm oder kalt servieren und genießen.

CÖREK OTU HALKASI (SCHWARZKÜMMELKRINGEL)

8 Port.

1 Std. 15 Min.

leicht

Zutaten

800 g Mehl
120 g weiche Butter
1 Würfel frische Hefe
1 Eiweiß
1 Eigelb
200 ml Wasser
200 ml Milch
120 ml Öl
3 EL Joghurt
1 EL Zucker
1 EL Salz
Sesam oder schwarzer Kümmel

Nährwerte p. P.

818 kcal
75 g Kohlenhydrate
29 g Fett
13 g Eiweiß

1 und kräftig verrühren, bis sich der Zucker aufgelöst hat. Anschließend die Hefe dazubröseln und ebenfalls gründlich einrühren. Das Gemisch für ca. 10 Minuten ruhen lassen.

2 Währenddessen die warme Milch in eine zweite Schüssel gießen, den Joghurt sowie das Öl und das Eiweiß hinzufügen und alle Zutaten miteinander vermengen. Abschließend noch das Salz untermischen. Nun den Hefe-Mix dazugießen und portionsweise das Mehl einrieseln lassen und einarbeiten. Den Teig mit leicht eingeölten Händen für etwa 10 Minuten ausgiebig durchkneten, anschließend mit einem Küchenhandtuch bedecken und für ca. 60 Minuten bei Raumtemperatur gehen lassen.

3 Als Nächstes eine Arbeitsfläche leicht einölen und den Teig zu einem Rechteck (ca. 40 × 50 cm) ausrollen. Etwa 60 g Butter auf dem Teig verstreichen und im Anschluss die linke Seite des Rechtecks (der Länge nach) zur Mitte hin einklappen. Mit 30 g Butter bestreichen und die rechte Seite des Rechtecks zur Mitte hin einklappen. Den Teigfladen nochmals etwas in die Breite ausrollen und dann mit der übrigen Butter bestreichen. Den Teigfladen nochmals zusammenklappen, sodass eine Art Quadrat entsteht. Dieses Teigquadrat in acht Streifen zerteilen und jeden Streifen in sich leicht eindrehen. Die Enden leicht zusammendrücken und so kleine Kringel formen. Die fertigen Kringel auf ein mit Backpapier ausgelegtes Backblech legen und nochmals für ca. 30 Minuten ruhen lassen. Zwischenzeitlich den Backofen auf 200 °C Ober- und Unterhitze vorheizen und das Eigelb zusammen mit der Milch verquirlen.

4 Nach Ende Gehzeit die Kringel mit dem Eigelb-Milch-Gemisch bestreichen und wahlweise mit Sesam oder Schwarzkümmel bestreuen. Das Backblech in den Ofen schieben und die Kringel für ca. 10 bis 15 Minuten backen. Die fertigen Cörek otu Halkasi aus dem Ofen nehmen, etwas abkühlen lassen und dann wahlweise warm oder kalt servieren.

SUSAM HALKASI (SESAMKRINGEL)

8 Port.

2 Std.

Mittel

Zutaten

400 g Mehl Typ 550
50 g Sesam
25 g Butter
1 Würfel frische Hefe
1 Eigelb
250 ml Wasser

Nährwerte p. P.

244 kcal
36 g Kohlenhydrate
7 g Fett
8 g Eiweiß

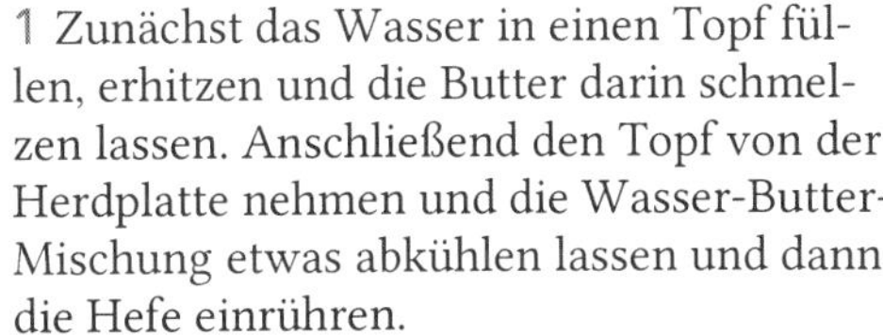

1 Zunächst das Wasser in einen Topf füllen, erhitzen und die Butter darin schmelzen lassen. Anschließend den Topf von der Herdplatte nehmen und die Wasser-Butter-Mischung etwas abkühlen lassen und dann die Hefe einrühren.

2 In der Zwischenzeit das Mehl in eine Rührschüssel füllen, mittig eine kleine Vertiefung eindrücken und das Hefe-Wasser-Gemisch vorsichtig hineingießen. Gründlich verkneten, mit einem Küchenhandtuch abdecken und für ca. 60 Minuten an einem warmen Ort gehen lassen.

3 Nach Ende der Gehzeit eine Arbeitsfläche mit etwas Mehl bestäuben und den Backofen auf 210 °C Umluft vorheizen. Danach den Teig auf die vorbereitete Arbeitsfläche legen, nochmals durchkneten und dann zu Strängen rollen. Jeden Strang leicht in sich eindrehen und die Enden zusammendrücken, sodass kleine Kringel entstehen.

4 Nun das Eigelb mit einem kleinen Schuss Wasser verquirlen. Anschließend jeden Kringel kurz in kaltes Wasser tauchen, auf ein mit Backpapier ausgelegtes Backblech legen und abschließend mit Eigelb bestreichen. Direkt mit reichlich Sesam bestreuen und nochmals für ca. 15 Minuten ruhen lassen.

5 Das Blech in den Ofen schieben und die Sesamkringel für ca. 12 Minuten goldbraun backen. Nach Ende der Backzeit das Blech aus dem Ofen nehmen und die fertigen Susam Halkasi kurz abkühlen lassen. Wahlweise warm oder kalt servieren und genießen.

POGACA (POGATSCHEN)

16 Port. 50 Min leicht

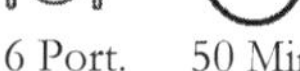

Zutaten

Für den Teig:

500 g Mehl
10 g Zucker
1 Eiweiß
½ Würfel frische Hefe
250 ml warme Milch
50 ml Olivenöl
½ TL Salz

Für die Füllung:

100 g Rinderhackfleisch
20 g Sesam
1 Eigelb
1 Zwiebel
1 grüne Paprika
2 EL gehackte Petersilie
1 EL Tomatenmark
1 EL Öl
Salz
Pfeffer
Paprikapulver

Nährwerte p. P.

185 kcal
24 g Kohlenhydrate
7 g Fett
6 g Eiweiß

1 Zunächst die warme Milch in eine Schüssel gießen, die Hefe dazubröseln und ausgiebig einrühren. Für ca. 20 Minuten stehen lassen und erst danach das Mehl, den Zucker, das Eiweiß, das Olivenöl und das Salz hinzufügen. Alles zu einem homogenen Teig verkneten, mit einem Küchenhandtuch abdecken und an einem warmen Ort für etwa 30 Minuten ruhen lassen.

2 Währenddessen die Zwiebel schälen und hacken sowie die Paprika waschen, das Kerngehäuse entfernen und die Schote sehr fein würfeln. Nun das Pflanzenöl in eine Pfanne füllen, erhitzen und das Hack darin bei mäßiger Hitze anbraten. Nach 5 bis 6 Minuten die Zwiebeln zusammen mit der Paprika hinzufügen und für weitere 3 bis 4 Minuten mit anschwitzen. Im Anschluss das Tomatenmark dazugeben und mit Paprikapulver bestäuben. Kräftig verrühren und die Masse nach Belieben salzen und pfeffern sowie mit der Petersilie bestreuen. Die Pfanne vom Herd nehmen und beiseitestellen.

3 Nun eine Arbeitsfläche mit etwas Mehl bestäuben, den Backofen auf 200 °C Ober- und Unterhitze vorheizen und ein Backblech mit Backpapier auslegen. Den Teig auf die vorbereitete Arbeitsfläche legen, ausrollen und anschließend mit einem Küchenhandtuch bedeckt nochmals 20 Minuten ruhen lassen. Mithilfe einer Ausstechform oder eines Glases nun 16 Kreise ausstechen. Das Eigelb mithilfe einer Gabel verquirlen und die Ränder der Teigkreise damit bestreichen. Jeweils 1 EL der Hackmasse mittig auf jeden Teigkreis geben, den Teigkreis einklappen und die Ränder leicht zusammendrücken. Die fertigen Taschen auf das Backblech legen, mit dem restlichen Eigelb bepinseln und anschließend mit Sesam bestreuen. Das Blech in den Ofen schieben und die Teigtaschen für ca. 20 Minuten goldbraun backen.

4 Nach Ende der Backzeit die Pogaca aus dem Ofen nehmen, kurz abkühlen lassen und dann noch warm genießen.

BOGCA (GEFÜLLTE BRÖTCHEN)

12 Port.

1 Std.

leicht

Zutaten

Für den Teig:
500 g Mehl
2 Eiweiße
2 Eigelbe
1 Würfel frische Hefe
100 ml warmes Wasser
100 ml Milch
100 ml Öl
1 EL Zucker
3 TL Salz
Sesam oder Schwarzkümmel

Für die Füllung:
300 g Feta

Nährwerte p. P.

301 kcal
33 g Kohlenhydrate
14 g Fett
10 g Eiweiß

1 Zunächst das Wasser in eine Schüssel füllen, die Hefe dazubröseln und kräftig einrühren. Sobald sich die Hefe vollständig aufgelöst hat, die Milch sowie das Öl dazugießen und 2 Eiweiße sowie den Zucker und das Salz hinzufügen. Alles ausgiebig miteinander verrühren und erst danach portionsweise das Mehl untermischen, bis ein homogener Teig entsteht. Den Teig mit einem Küchenhandtuch bedecken und für ca. 60 Minuten ruhen lassen.

2 Währenddessen den Backofen auf 200 °C Ober- und Unterhitze vorheizen.

3 Nach Ende der Ziehzeit den Teig auf eine bemehlte Arbeitsfläche legen und in 12 Teile teilen. Jeden Teigling zu einer Kugel formen, leicht ausrollen und mittig mit etwas Feta befüllen. Den Teig über dem Käse zusammendrücken und den Teigling leicht oval zu einer Art Brötchen formen. Hierbei darauf achten, dass der Feta vollständig umschlossen bleibt. Ein Backblech mit Backpapier auslegen und die Brötchen darauf verteilen.

4 Nun die Eigelbe mithilfe einer Gabel verquirlen, die Brötchen damit bestreichen und wahlweise mit Sesam oder Schwarzkümmel bestreuen. Das Blech in den Ofen schieben und die Brötchen für ca. 12 bis 15 Minuten backen.

5 Die fertigen Bogca aus dem Ofen nehmen, kurz abkühlen lassen und im Anschluss wahlweise warm oder kalt servieren und genießen.

Snacks/Mezes

Ob Vorspeisen, Appetithäppchen oder Snacks – Mezes sind ein elementarer Bestandteil der türkischen Küche und haben dadurch eine sehr hohe Vielfalt. Mezes können sowohl warm als auch kalt serviert werden und sind in der Regel auf nahezu jedem türkischen Büfett zu finden. Typische kalte Snacks sind beispielsweise Salate, Weinblätter oder auch Hummus, wohingegen klassische warme Mezes auch in Form von Börek, Yufka oder Cigköfte serviert werden können.

LAHMACUN (TÜRKISCHE PIZZA)

8 Port.

2 Std. 25 Min.

Leicht

Zutaten

Für den Teig:
500 g Mehl
41 g frische Hefe
10 g Salz
250 ml lauwarmes Wasser

Für den Belag:
400 g Lamm-Hackfleisch
2 ½ rote Zwiebeln
2 Tomaten
2 Knoblauchzehen
1 ½ Bund Petersilie
1 rote Paprika
Saft von ½ Zitrone
3 EL Tomatenmark
2 EL Sumach
1 TL Chiliflocken
1 TL Kreuzkümmel
Salz
Pfeffer

Nährwerte p. P.

296 kcal
49 g Kohlenhydrate
2 g Fett
17 g Eiweiß

1 Zunächst den Teig zubereiten. Hierfür das Wasser in eine Schüssel füllen, die Hefe dazubröseln und einrühren. Die Schüssel mit einem Küchenhandtuch abdecken und für etwa 10 Minuten stehen lassen. Nach Ende der Ruhezeit das Mehl und das Salz hinzufügen und mit den Händen zu einem Teig verarbeiten. Die Schüssel nochmals abdecken und für ca. 60 Minuten ruhen lassen.

2 Den fertigen Teig zunächst zu einer Kugel formen und dann zu einem Strang rollen. Den Teigstrang in acht Stücke zerteilen und jedes Stück zu einer Kugel rollen. Nochmals mit einem Küchenhandtuch abdecken und für ca. 30 Minuten gehen lassen.

3 Währenddessen die Tomaten waschen, in Viertel zerteilen und die Kerne entfernen. Anschließend 1 ½ Zwiebeln schälen und hacken sowie die Schale vom Knoblauch abziehen und die Zehen ebenfalls fein hacken. Zum Schluss noch die Paprika waschen, das Kerngehäuse entfernen und die Schote würfeln sowie 1 Bund Petersilie waschen, trocken tupfen und fein hacken.

4 Das vorbereitete Gemüse zusammen mit der Petersilie in eine Schüssel füllen und mit dem Hackfleisch vermischen. Mit Tomatenmark, den Chiliflocken sowie dem Kreuzkümmel vermengen und mit Salz und Pfeffer würzen.

5 Als Nächstes den Backofen auf 220 °C Ober- und Unterhitze vorheizen und ein Backblech mit Backpapier auslegen. Nun eine Arbeitsfläche mit etwas Mehl bestäuben und die Teigkugeln mithilfe eines Nudelholzes sehr dünn ausrollen. Die Teigfladen auf das vorbereitete Backblech legen und jeden Fladen mit 4 bis 5 EL der vorbereiteten Hackmasse bestreichen und diese leicht andrücken.

6 Das Blech in den Ofen schieben und für 2 bis 4 Minuten backen. Zwischenzeitlich die restliche Zwiebel sowie die übrige Petersilie fein hacken. Beides in eine Schüssel füllen und mit Zitronensaft, Sumach sowie Salz und Pfeffer abschmecken.

7 Nach Ende der Backzeit das Blech aus dem Ofen nehmen und die Lahmacun mit dem Zwiebel-Petersilie-Mix servieren und genießen.

BÖREK (GEFÜLLTE TEIGBLÄTTER)

3 Port. 40 Min. Leicht

Zutaten

250 g Yufkablätter
180 g Feta
100 g Babyspinat
1 Zwiebel
3 EL Olivenöl
2 EL Öl

Nährwerte p. P.

604 kcal
30 g Kohlenhydrate
45 g Fett
19 g Eiweiß

1 Zunächst die Schale der Zwiebel entfernen und sehr fein hacken. Anschließend den Spinat waschen und gründlich abtropfen lassen. Nun das Öl in eine Pfanne füllen, erhitzen und die Zwiebeln bei mäßiger Hitze für 1 bis 2 Minuten darin anschwitzen. Im Anschluss den Spinat dazugeben und mitgaren, bis die Blätter zusammenfallen. Die Pfanne vom Herd nehmen und das Gemüse etwas abkühlen lassen.

2 Als Nächstes den Backofen auf 180 °C Umluft vorheizen und ein Backblech mit Backpapier auslegen. Nun die Yufkablätter in Stücke schneiden (ca. 15 × 20 cm) und die Oberfläche leicht mit Wasser bestreichen. Etwas Spinat-Masse daraufgeben, mit Feta bestreuen und das Yufkablatt einrollen. Die Röllchen auf das vorbereitete Backblech legen und mit etwas Olivenöl bestreichen.

3 Das Blech in den Ofen schieben und für 15 bis 20 Minuten goldgelb ausbacken. Die fertigen Börek direkt servieren und heiß genießen.

CIGKÖFTE (BULGUR IM SALATBLATT)

6 Port.

25 Min.

Leicht

Zutaten

2 Knoblauchzehen
2 Tassen kochendes Wasser
1 Tasse Bulgur
1 Kopfsalat
1 Zwiebel
1 Tomate
1 grüne Paprika
½ Tasse Walnussmehl
½ Tasse Petersilie
7 EL Tomatenmark
3 EL rotes Paprikapulver
2 EL Currypulver
1 EL Olivenöl
1 EL frische Minze
1 TL Isot
½ TL Kreuzkümmel
1 Prise Salz
1 Prise Pfeffer

Nährwerte p. P.

286 kcal
30 g Kohlenhydrate
14 g Fett
7 g Eiweiß

1 Zunächst den Bulgur in eine Schüssel füllen und mit dem Wasser aufgießen. Gründlich umrühren und für etwa 10 Minuten quellen lassen.

2 In der Zwischenzeit die Schale der Zwiebel abziehen und fein hacken sowie die Knoblauchzehen schälen und pressen. Anschließend die Paprika waschen, das Kerngehäuse entfernen und die Schote sehr fein würfeln. Danach die Tomaten waschen, die Stielansätze entfernen und zerkleinern. Zum Schluss noch die Petersilie sowie die Minze waschen, trocken tupfen und hacken.

3 Das vorbereitete Gemüse zum Bulgur in die Schüssel geben und das Olivenöl, das Tomatenmark sowie das Walnussmehl hinzufügen. Gründlich vermengen und mit Curry, Paprikapulver, Isot, Kreuzkümmel sowie Salz und Pfeffer würzen. Die Masse mit einem Küchenhandtuch abdecken und für etwa 30 Minuten durchziehen lassen.

4 Im Anschluss etwa 3 EL der Masse abstechen und mit den Händen zusammendrücken. Hierbei eine leicht ovale Form erzeugen.

5 Zum Servieren den Salat waschen, trocken tupfen und zerteilen. Die fertigen Cigköfte zusammen mit dem Salat servieren und genießen.

SALAMURA ZEYTIN (EINGELEGTE OLIVEN)

4 Port.

2 Std.
10 Min.

Leicht

Zutaten

80 g schwarze Oliven, mit Stein
2 EL Olivenöl
1 EL Zitronensaft
¼ TL Pul Biber
¼ TL Oregano
1 Spritzer Granatapfelmelasse
Salz
Pfeffer
etwas frisches Brot als Beilage

Nährwerte p. P.

140 kcal
1 g Kohlenhydrate
15 g Fett
1 g Eiweiß

1 Zunächst die Oliven in eine Schüssel füllen und mit dem Zitronensaft beträufeln. Anschließend mit Pul Biber und Oregano bestreuen sowie Granatapfelmelasse dazugeben. Mit Salz und Pfeffer würzen und kurz vermengen.

2 Abschließend das Olivenöl hinzufügen, kurz vermischen und dann für etwa 2 Stunden durchziehen lassen.

3 Die fertigen Salamura Zeytin mit etwas frischem Brot servieren und genießen.

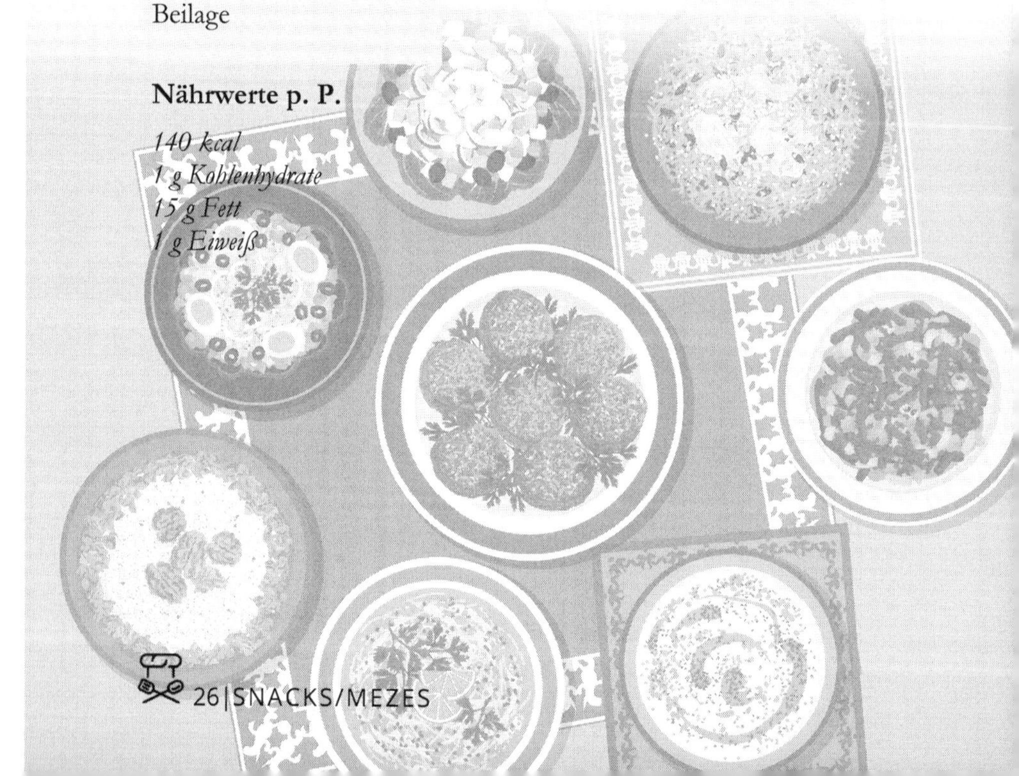

BULGUR TOPLARI (PIKANTE BULGURBÄLLCHEN)

4 Port.

1 Std. 10 Min.

Leicht

Zutaten

125 g Bulgur
5 Stiele Petersilie
1 Frühlingszwiebel
1 Knoblauchzehe
220 ml kochendes Wasser
2 EL Hartweizengrieß
1 EL scharfes Paprikamark
1 EL Granatapfelessig
1 EL Olivenöl
2 TL Tomatenmark
½ TL getrocknete Minze
Pul Biber
gemahlener Kreuzkümmel
Salz
Pfeffer

Nährwerte p. P.

214 kcal
34 g Kohlenhydrate
5 g Fett
7 g Eiweiß

1 Zunächst den Bulgur in eine Schüssel füllen, mit dem kochenden Wasser übergießen und vorsichtig umrühren. Die Schüssel mit einem Küchenhandtuch abdecken und für etwa 30 Minuten ziehen lassen.

2 Im Anschluss die Schale vom Knoblauch abziehen und die Zehe zum Bulgur in die Schüssel pressen. Nun den Grieß, das Paprika- und Tomatenmark hinzufügen und den Essig sowie das Olivenöl dazugießen. Anschließend mit der Minze, etwas Kreuzkümmelpulver sowie Salz und Pfeffer würzen. Die Masse mithilfe eines Handrührgeräts mit Knethaken gründlich durchrühren und im Anschluss mit etwas Pul Biber abschmecken.

3 Mit angefeuchteten Händen zu kleinen Kugeln formen.

4 Abschließend die Frühlingszwiebel putzen und in Ringe schneiden sowie die Petersilie waschen, trocken tupfen und hacken. Beides in einen tiefen Teller füllen und die Bulgurbällchen darin wenden. Die fertigen Bulgur Toplari auf einer Platte anrichten und direkt servieren.

YUFKA (GEFÜLLTES TEIGKÖRBCHEN)

10 Port.

55 Min.

Mittel

Zutaten

Für das Yufka-Körbchen:
1 Pck. Yufkateig
2 EL Butter

Für das Kürbispüree:
2 Blätter Salbei
½ Butternusskürbis
1 EL Olivenöl
Chili
Salz
Pfeffer

Für den Linsensalat
200 g grüne Linsen
1 Rote Bete
1 rote Zwiebel
1 Bund Schnittlauch
½ rote Paprika
1 TL Weißweinessig
1 TL Zucker
Salz
Pfeffer

Nährwerte p. P.

190 kcal
19 g Kohlenhydrate
7 g Fett
10 g Eiweiß

1 Zunächst den Linsensalat zubereiten. Hierfür einen Topf mit Wasser befüllen, salzen und aufkochen lassen. Nun die Linsen hineingeben und nach Packungshinweis gar kochen. Die fertigen Linsen in ein Sieb abkippen, mit kaltem Wasser abschrecken und abtropfen lassen.

2 Währenddessen den Schnittlauch waschen, trocken tupfen und hacken. Anschließend die Schale der roten Zwiebel abziehen und sehr fein würfeln, ebenso die Paprikaschote in Würfel zerteilen. Nun die Linsen in eine große Schüssel umfüllen, den Schnittlauch sowie die Zwiebelwürfel hinzufügen und mit Essig, Zucker, Salz und Pfeffer vermischen. Die Schüssel in den Kühlschrank stellen und für mindestens 60 Minuten durchziehen lassen.

3 In der Zwischenzeit das Kürbispüree herstellen. Dafür zunächst den Backofen auf 180 °C Umluft vorheizen und ein Backblech mit Backpapier auslegen. Nun den Kürbis zerstückeln und die Kerne entfernen. Im Anschluss das Fruchtfleisch in Würfel zerteilen und in eine Schüssel füllen. Den Kürbis mit etwas Salz und Pfeffer bestreuen sowie mit dem Olivenöl vermengen. Abschließend noch die Salbeiblätter dazugeben und unterheben. Die Masse auf dem vorbereiteten Backblech verteilen und im Ofen für etwa 40 Minuten backen. Zeitgleich die Rote Bete waschen, trocken reiben, ebenfalls auf ein mit Backpapier ausgelegtes Backblech legen und mit in den Ofen schieben. Nach Ablauf der Backzeit den Kürbis sowie die Rote Bete aus dem Ofen nehmen und abkühlen lassen.

4 Den Kürbis-Salbei-Mix in ein hohes Gefäß umfüllen und mithilfe eines Pürierstabs fein mixen. Im Anschluss mit etwas Chili, Salz und Pfeffer abschmecken und in einen Spritzbeutel mit Lochtülle umfüllen. Bis zur weiteren Verwendung zur Seite stellen.

5 Abschließend noch die Teigkörbchen vorbereiten. Hierfür den Yufkateig auspacken, ausrollen und mehrere Lagen übereinanderlegen. Den Teig in Quadrate (ca. 10 × 10 cm) zerteilen.

6 Als Nächstes den Backofen auf 180 °C Umluft vorheizen und eine Muffinform mit etwas Butter ausstreichen. Nun je ein Teigblatt in eine Muffinmulde legen, wieder mit etwas Butter bestreichen und mit einem weiteren Teigblatt leicht versetzt toppen. Diesen Vorgang wiederholen, bis in jeder Mulde etwa 4 bis 6 Lagen Teig geschichtet sind. Das Muffinblech in den Ofen schieben und für etwa 15 bis 20 Minuten backen. Nach Ende der Backzeit das Blech aus dem Ofen nehmen, kurz abkühlen lassen und dann vorsichtig die Teigkörbchen aus den Mulden lösen.

7 Die fertigen Teigkörbchen nun auf einer Platte drapieren und etwas Kürbispüree hineinspritzen. Anschließend mit jeweils 1 TL Linsensalat toppen. Zum Schluss noch die Rote Bete schälen, fein würfeln und die fertigen Yufka-Körbchen damit bestreuen. Direkt servieren und genießen.

ÜZÜM YAPRAKLARI (WEINBLÄTTER)

 10 Port.

 1 Std. 30 Min.

 Leicht

Zutaten

50 g Reis
20 Weinblätter aus der Salzlake
4 Stiele Koriander
2 Schalotten
1 Zitrone
125 ml Wasser
2 EL Pinienkerne
2 EL Rosinen
1 EL Sesamöl
½ TL Zimt

Nährwerte p. P.

67 kcal
8 g Kohlenhydrate
3 g Fett
2 g Eiweiß

1 Zunächst die Schale der Schalotten abziehen und hacken. Nun das Sesamöl in einen Topf füllen, erhitzen und die Schalotten darin bei mäßiger Hitze für 1 bis 2 Minuten anschwitzen. Anschließend den Reis einrieseln lassen, kurz mit andünsten und dann mit dem Wasser aufgießen. Bei starker Hitze zunächst aufkochen lassen und anschließend bei schwacher Hitze für ca. 30 Minuten sanft köcheln lassen. Hierbei den Topf mit einem Deckel verschließen und nur gelegentlich umrühren. Nach Ende der Kochzeit die Pinienkerne sowie die Rosinen unterheben und mit Zimt und Koriander würzen.

2 Als Nächstes die Weinblätter unter fließendem Wasser kalt abwaschen und mit einem Küchenpapier trocken tupfen. Je zwei Blätter übereinanderlegen und 1 EL der Reismasse in Höhe des Stielansatzes drapieren. Die Seiten des Blattes nun nach innen einklappen und dann das Blatt der Länge nach fest einrollen.

3 Die eingerollten Blätter in eine kleine Kasserolle geben, die Zitrone halbieren, den Saft darüberpressen und mit Wasser aufgießen, sodass die Weinblätter knapp bedeckt sind. Nun die Kasserolle verschließen und die Weinblätter für ca. 25 bis 30 Minuten bei schwacher Hitze sanft köcheln lassen. Anschließend die Kasserolle öffnen und die Blätter für weitere 10 bis 15 Minuten garen, bis das Wasser nahezu vollständig verdampft ist.

4 Die Kasserolle vom Herd nehmen und die Weinblätter abkühlen lassen. Die fertigen Üzüm Yapraklari auf einer Platte anrichten und servieren.

FALAFEL (KICHERERBSEN-BÄLLCHEN)

 20 Port.

 1 Tag 1 Std. 10 Min.

Leicht

Zutaten

250 g Kichererbsen
2 Knoblauchzehen
1 Zwiebel
½ Bund Petersilie
½ Bund Koriander
500 ml Öl
1 EL Zitronensaft
2 TL gemahlener Kreuzkümmel
2 TL Salz
½ TL Pfeffer

Nährwerte p. P.

62 kcal
7 g Kohlenhydrate
4 g Fett
3 g Eiweiß

1 Zunächst die Kichererbsen in eine Schüssel füllen, mit Wasser aufgießen und für etwa 24 Stunden einweichen lassen. Anschließend in ein Sieb abkippen, durchwaschen und abtropfen lassen.

2 Als Nächstes die Schale der Zwiebel abziehen und hacken sowie den Knoblauch schälen und in Streifen schneiden. Die Kichererbsen, die Zwiebeln und den Knoblauch in ein hohes Gefäß geben. Danach die Petersilie und den Koriander waschen, trocken tupfen und hacken. Die Kräuter zum Gemüse in das Gefäß geben. Abschließend noch den Zitronensaft hinzufügen und mit Kreuzkümmel, Salz und Pfeffer würzen. Mithilfe eines Pürierstabs fein mixen und im Anschluss das Püree für ca. 30 Minuten im Kühlschrank ziehen lassen.

3 Nach Ende der Ziehzeit das Öl in einen Topf füllen und erhitzen. Nun die Kichererbsen-Masse zu Bällchen formen (ca. 4 bis 5 cm), rollen und diese nacheinander in das heiße Öl geben. Für 10 bis 12 Minuten frittieren und währenddessen mithilfe einer Schöpfkelle wenden.

4 Die Bällchen anschließend auf einen mit Küchenpapier ausgelegten Teller legen und abtropfen lassen. Die fertigen Falafel wahlweise warm oder kalt genießen.

PIDE (GEFÜLLTES FLADENBROT)

6 Port.

1 Std. 30 Min.

Leicht

Zutaten

Für den Teig:
500 g Mehl
½ Würfel Hefe
200 ml Wasser
5 EL Olivenöl
4 EL Joghurt
Zucker
Salz

Für die Füllung:
250 g Rinderhackfleisch
250 g Fleischtomaten
4 Stiele Petersilie
2 Zwiebeln
1 Knoblauchzehe
1 EL Tomatenmark
1 EL Olivenöl
1 TL Paprikapulver
Chilipulver
Salz
Pfeffer

Nährwerte p. P.

527 kcal
63 g Kohlenhydrate
22 g Fett
18 g Eiweiß

1 Zunächst den Teig zubereiten. Hierfür das warme Wasser in eine Schüssel füllen, das Öl und den Zucker hinzufügen und die Hefe hineinbröseln. Gründlich verrühren, bis sich die Hefe vollständig aufgelöst hat. Nun das Mehl in eine zweite Schüssel geben, mit etwas Salz vermischen und mit dem Joghurt verrühren. Abschließend das Hefe-Wasser dazugießen und alles zu einem glatten Teig verkneten. Den Teig zu einer Kugel rollen, in eine Schüssel legen, mit einem Küchenhandtuch abdecken und an einem warmen Ort für ca. 30 bis 45 Minuten ruhen lassen.

2 Währenddessen die Schale der Zwiebel abziehen und den Knoblauch schälen. Beides in Stücke schneiden und in einen Mixer füllen. Nun die Tomaten waschen, den Stielansatz entfernen sowie die Petersilie waschen und trocken tupfen. Beides mit in den Mixer geben und anschließend das Tomatenmark sowie das Öl hinzufügen und mit Paprikapulver, Chili, Salz und Pfeffer würzen. Alles zusammen auf höchster Stufe mixen und danach in eine große Rührschüssel umfüllen. Nun das Hackfleisch zu der Masse geben und ausgiebig vermengen.

3 Danach eine Arbeitsfläche mit etwas Mehl bestäuben, den Teig aus der Schüssel nehmen und nochmals durchkneten. Die Teigkugel in sechs gleich große längliche Stücke teilen und jedes Teigstück leicht ausrollen. Nun den Backofen auf 200 °C Ober- und Unterhitze vorheizen, ein Backblech mit Backpapier auslegen und die Teigschiffchen darauf drapieren. Für weitere 15 Minuten ruhen lassen und erst danach die Hackmasse gleichmäßig auf den Teigböden verteilen. Abschließend die Teigränder 1 bis 2 cm nach innen einschlagen und leicht andrücken. Das Blech in den Ofen schieben und für etwa 15 bis 20 Minuten backen.

4 Nach Ende der Backzeit die fertigen Pide aus dem Ofen nehmen, kurz abkühlen lassen und anschließend noch warm servieren.

Suppen

Auch wenn es auf den ersten Blick nicht ersichtlich ist, gelten Suppen in der türkischen Küche als besonders exquisit. Hierbei können die Suppen sowohl als Vorspeise als auch als Nachspeise serviert werden und sind zum Teil echte Nationalgerichte, wie zum Beispiel die Taharna Corbasi.

MERCIMEK CORBASI (LINSENSUPPE)

6 Port.

1 Std.

Leicht

Zutaten

500 g Linsen
100 g Butter
2 Zwiebeln
2 Knoblauchzehen
2 Möhren
1 Kartoffel
1 Paprika
1 Bund Minze
1 Bund glatte Petersilie
2 Liter Gemüsebrühe
1 ½ EL Tomatenmark
1 EL Paprikapulver
1 EL Rosenscharf-Paprikapulver
1 TL Pfeffer
1 ½ TL Salz
1 Prise Kreuzkümmel
1 Spritzer Zitronensaft

Nährwerte p. P.

471 kcal
54 g Kohlenhydrate
15 g Fett
23 g Eiweiß

1 Zunächst die Linsen in ein Sieb kippen und unter kaltem Wasser gründlich durchspülen und ausgiebig abtropfen lassen. Anschließend die Schale vom Knoblauch abziehen und die Zehe hacken sowie die Schale der Zwiebel entfernen und fein würfeln. Danach die Möhren sowie die Kartoffeln schälen und jeweils in gleichmäßige Würfel schneiden. Abschließend noch die Paprika waschen, das Kerngehäuse entfernen und die Schote ebenfalls in mundgerechte Stücke zerkleinern.

2 Als Nächstes 2 EL der Butter in einen Topf geben, erhitzen und die Zwiebeln bei mäßiger Hitze für 1 bis 2 Minuten darin andünsten. Anschließend das restliche Gemüse hinzufügen und für weitere 5 Minuten mitgaren. Danach mit der Brühe aufgießen und bei schwacher Hitze für ca. 25 bis 30 Minuten sanft köcheln lassen. Zwischenzeitlich umrühren.

3 Währenddessen die Petersilie und die Minze waschen, trocken tupfen und hacken.

4 Die restliche Butter in einen zweiten Topf füllen, heiß werden lassen und anschließend mit dem Paprikapulver bestäuben. Nun das Tomatenmark einrühren und für 2 bis 3 Minuten anschwitzen. 5 EL des Tomaten-Butter-Mix zurückhalten und den Rest unter die Suppe rühren und für weitere 5 Minuten köcheln lassen.

5 Nach Ablauf der Kochzeit den Topf vom Herd nehmen und die Suppe mithilfe eines Pürierstabs fein mixen. Anschließend mit Zitronensaft und Kreuzkümmel würzen sowie mit Salz und Pfeffer abschmecken. Die Suppe in sechs tiefe Teller verteilen, mit einem Klecks der Tomaten-Butter toppen und mit Minze und Petersilie bestreuen. Die fertige Mercimek Corbasi direkt servieren und heiß genießen.

YAYLA CORBASI (JOGHURTSUPPE)

2 Port.

35 Min.

Leicht

Zutaten

500 g Naturjoghurt
2 Knoblauchzehen
1 Liter Wasser
6 EL Reis
2 EL Butter
2 EL Öl
1 EL Minze
1 EL Mehl
1 TL Salz

Nährwerte p. P.

391 kcal
34 g Kohlenhydrate
23 g Fett
12 g Eiweiß

1 Zunächst den Reis in einen Topf füllen, mit dem Wasser aufgießen und bei mäßiger Hitze für ca. 15 bis 17 Minuten gar kochen.

2 In der Zwischenzeit den Joghurt in eine Schüssel füllen, das Mehl hinzufügen und kräftig verrühren. Nach Ende der Garzeit den Joghurt-Mehl-Mix zum Reis in den Topf geben und untermischen. Abschließend noch das Salz unterrühren und die Hitzezufuhr ausschalten.

3 Als Nächstes die Schale vom Knoblauch abziehen und die Zehen sehr fein hacken. Den Knoblauch in eine kleine Pfanne füllen, die Butter sowie das Öl dazugeben und die Minze hinzufügen. Alles gründlich verrühren und dann bei mäßiger Hitze goldbraun anrösten. Den Knoblauch-Mix im Anschluss zur Suppe in den Topf geben und unterheben. Die Suppe nochmals kurz erhitzen (nicht kochen!).

4 Die fertige Yayla Corbasi servieren und heiß genießen.

SULU KÖFTE (EINTOPF MIT HACKBÄLLCHEN)

6 Port. 1 Std. Leicht

Zutaten

2 kg festkochende Kartoffeln
500 g Rinderhackfleisch
150 g Mehl
100 g Reis
3 Zwiebeln
1 ½ Liter Wasser
2 EL Tomatenmark
2 EL Olivenöl
1 EL Butter
Paprikapulver
Salz
Pfeffer

Nährwerte p. P.

658 kcal
82 g Kohlenhydrate
23 g Fett
26 g Eiweiß

1 Zunächst die Schale einer Zwiebel abziehen und sehr fein hacken. Die Zwiebeln in eine Schüssel füllen, das Hackfleisch sowie den Reis dazugeben und alles gründlich miteinander vermengen. Währenddessen mit Salz und Pfeffer würzen. Die Masse anschließend zu kleinen Kugeln (ca. 3 bis 4 cm) formen.

2 Nun das Mehl in einen tiefen Teller füllen und die Hackbällchen darin wälzen.

3 Als Nächstes die Schale der Kartoffeln entfernen und in gleichmäßige Würfel schneiden sowie die Schale der restlichen Zwiebeln abziehen und grob hacken. Danach das Öl sowie die Butter in einen Topf füllen, heiß werden lassen und die Zwiebeln darin bei mäßiger Hitze anbraten. Nach 1 bis 2 Minuten das Tomatenmark hinzufügen, einrühren und kurz anschwitzen. Nach etwa 30 Sekunden mit dem Wasser aufgießen und mit Paprikapulver, Salz und Pfeffer würzen. Die vorbereiteten Fleischbällchen vorsichtig in den Topf geben und die Kartoffelwürfel einrühren. Bei mäßiger Hitze für 30 bis 40 Minuten sanft köcheln lassen.

4 Nach Ende der Garzeit die fertige Sulu Köfte servieren und heiß genießen.

TARHANA CORBASI (TARHANA-SUPPE)

2 Port.

30 Min.

Leicht

Zutaten

500 ml Wasser
3 EL Tarhana
2 EL Öl
1 EL Pfefferminzgewürz
1 EL Tomatenmark
1 TL rosenscharfes Paprikapulver
1 Prise Salz
1 Prise Pfeffer
etwas frisches Brot als Beilage

Nährwerte p. P.

145 kcal
13 g Kohlenhydrate
10 g Fett
1 g Eiweiß

1 Zunächst das Öl in einen Topf füllen, heiß werden lassen und dann mit dem Paprikapulver sowie dem Pfefferminzgewürz bestäuben. Danach das Tomatenmark sowie das Tarhana einrühren und für 1 bis 2 Minuten unter Rühren anschwitzen.

2 Als Nächstes mit dem Wasser aufgießen, mit Salz und Pfeffer würzen und unter Rühren aufkochen lassen. Im Anschluss die Hitzezufuhr reduzieren und die Suppe für 10 bis 12 Minuten bei schwacher Hitze leise köcheln lassen.

3 Die fertige Tarhana Corbasi mit etwas frischem Brot servieren und heiß genießen.

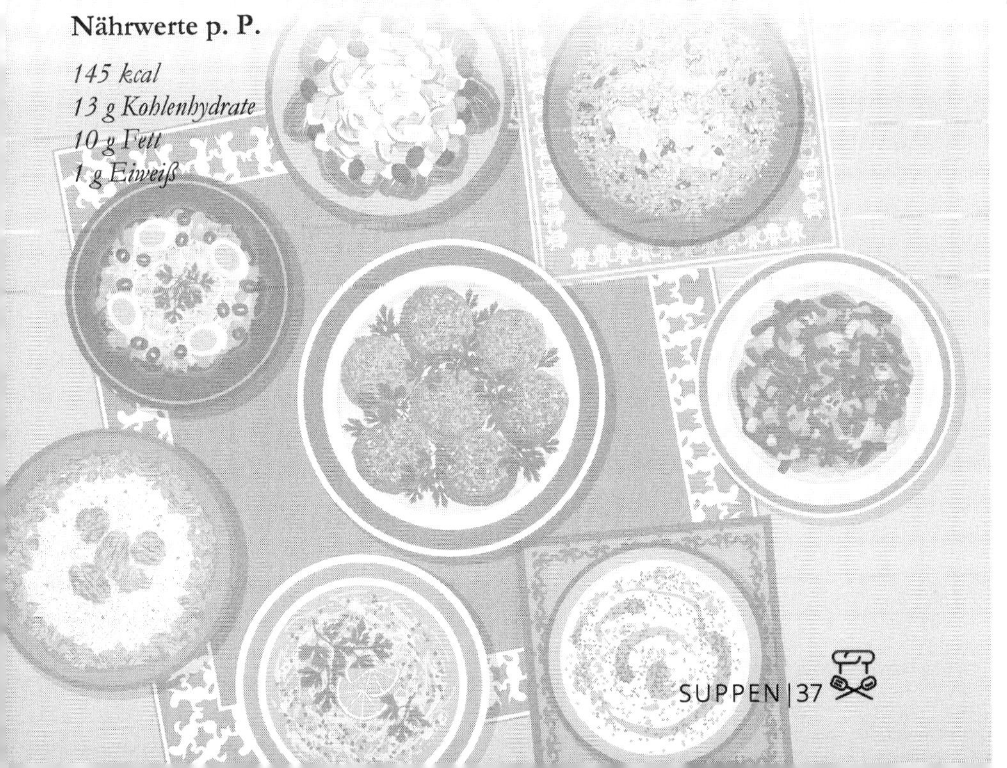

KUZU KAFASI CORBASI (LAMMKOPFSUPPE)

6 Port. 45 Min. Mittel

Zutaten

60 g Reis
2 Lauchzwiebeln
2 Möhren
1 Tomate
1 Lammkopf
5 EL Öl
½ TL Pfeffer
Minze
Liebstöckel
Chilipulver

Für den Aufbau:

100 g Joghurt
1 Ei
2 EL Mehl
1 EL Essig

Nährwerte p. P.

439 kcal
14 g Kohlenhydrate
18 g Fett
53 g Eiweiß

1 Zunächst den Lammkopf entbeinen. Anschließend das Fleisch in mundgerechte Stücke schneiden, die geschälte Zunge sowie das Gehirn grob zerkleinern. Danach die Möhren schälen und würfeln sowie die Frühlingszwiebeln putzen und in Scheiben schneiden.

2 Als Nächstes das Öl in einen Topf füllen, heiß werden lassen und das vorbereitete Gemüse bei mäßiger Hitze darin anschwitzen. Nach 2 bis 3 Minuten das Fleisch sowie die Zunge dazugeben, kurz anbraten und dann mit der Brühe aufgießen und aufkochen lassen. Nun den Reis einrühren und für ca. 15 bis 20 Minuten kochen. Nach Ende der Kochzeit das Gehirn unterheben, die Suppe mit Pfeffer würzen und nochmals kurz aufkochen lassen.

3 In der Zwischenzeit die Tomate am Stielansatz kreuzförmig einritzen, mit kochendem Wasser überbrühen und mit kaltem Wasser abschrecken. Die Haut der Tomate vorsichtig abziehen, das Fruchtfleisch hacken und unter die Suppe rühren. Die Suppe abschließend mit Liebstöckel und Minze abschmecken.

4 Nun den Aufbau zubereiten. Dafür den Joghurt in einen kleinen Topf füllen, das Mehl hinzufügen und mithilfe eines Schneebesens verrühren. Danach den Essig und das Ei dazugeben und nochmals kräftig durchrühren. Den Topf auf den Herd stellen und die Masse unter Rühren erhitzen. Hierbei nach und nach etwas Flüssigkeit von der Suppe hinzufügen und einrühren. Den fertigen Aufbau dann zu der Suppe in den Topf gießen und hierbei stetig rühren.

5 Die fertige Kuzu Kafasi Corbasi in tiefe Teller füllen, mit etwas Chili bestreuen und servieren.

KURU FASULYE (WEIẞE BOHNENSUPPE)

4 Port.

40 Min.

Leicht

Zutaten

800 g weiße Bohnen aus der Dose
150 g Rinderschinken
3 grüne Chilischoten
2 Zwiebeln
2 Tomaten
800 ml Wasser
1 EL Tomatenmark
1 EL Paprikamark
1 EL Olivenöl
getrocknete Minze
Kreuzkümmel
Salz
Pfeffer

Nährwerte p. P.

341 kcal
36 g Kohlenhydrate
10 g Fett
20 g Eiweiß

1 Zunächst die Bohnen in ein Sieb füllen, mit kaltem Wasser gründlich durchwaschen und abtropfen lassen. In der Zwischenzeit die Schale der Zwiebeln abziehen und hacken sowie die Tomaten waschen, die Stielansätze entfernen und in Würfel schneiden. Danach die Chilischoten der Länge nach halbieren, die Kerne herauskratzen und die Schote in Streifen schneiden.

2 Nun das Olivenöl in einen Topf füllen und die Zwiebeln zusammen mit den Chilistreifen darin bei mäßiger Hitze andünsten. Nach 2 bis 4 Minuten das Tomaten- sowie das Paprikamark hinzufügen und einrühren. Mit dem Wasser aufgießen und alles gründlich umrühren.

3 Als Nächstes die Bohnen, die Tomatenwürfel und den Rinderschinken hinzufügen und die Suppe mit Kreuzkümmel, getrockneter Minze sowie Salz und Pfeffer würzen. Die Suppe bei mäßiger Hitze für 20 bis 30 Minuten leise köcheln lassen.

4 Die fertige Kuru Fasulye servieren und heiß genießen.

TÜRLÜ KEBAP (KALBSEINTOPF)

8 Port.

1 Std. 30 Min.

Mittel

Zutaten

700 g Kalbfleisch
2 Kartoffeln
2 Auberginen
2 Peperoni
1 Zwiebel
500 ml Öl
1 Liter Wasser + 300 ml Wasser
5 EL Speiseöl
1 EL Steakgewürz
1 EL Tomatenmark
Salz

Nährwerte p. P.

62 kcal
7 g Kohlenhydrate
4 g Fett
3 g Eiweiß

1 Zunächst die Schale der Zwiebel abziehen und fein würfeln sowie das Kalbfleisch in mundgerechte Stücke zerteilen. Anschließend das Speiseöl in einen Topf füllen, erhitzen und die Zwiebel darin bei mäßiger Hitze anschwitzen. Nach 2 bis 3 Minuten das Fleisch dazugeben und mit anbraten. Nach 3 bis 5 Minuten mit 300 ml Wasser ablöschen und sanft köcheln lassen.

2 Sobald das Wasser verdampft ist, das Tomatenmark mit in den Topf füllen, mit dem Fleisch vermengen und für 4 bis 5 Minuten anschwitzen. Währenddessen mit dem Steakgewürz bestäuben.

3 In der Zwischenzeit die Schale der Aubergine entfernen, die Enden abschneiden und würfeln. Die Auberginenwürfel in eine Schale füllen, mit reichlich Wasser aufgießen und leicht salzen. So behält sie ihre Farbe. Anschließend die Kartoffeln schälen und ebenfalls in gleichmäßige Würfel zerteilen sowie die Chilischoten halbieren, die Kerne entfernen und in schmale Streifen schneiden.

4 Nun das Öl in einen zweiten Topf füllen, erhitzen und die Kartoffelwürfel portionsweise für 4 bis 8 Minuten darin ausbacken. Zwischenzeitlich mithilfe einer Schöpfkelle wenden. Die frittierten Kartoffeln auf einen mit Küchenpapier ausgelegten Teller legen und abtropfen lassen. Diesen Vorgang mit den Auberginenwürfeln wiederholen.

5 Das frittierte Gemüse sowie die Chilistreifen zum Fleisch in den Topf füllen, mit 1 Liter Wasser aufgießen und bei mäßiger Hitze für ca. 12 bis 15 Minuten leise köcheln lassen.

6 Die Suppe mit etwas Salz abschmecken, in tiefe Teller füllen und die fertige Türlü Kebap servieren und genießen.

Salate

Salate sind auch in der türkischen Küche eine beliebte Vorspeise oder klassische Beilage. Das hohe Vorkommen an regionalem Obst und Gemüse in Kombination mit zartem Fleisch oder frischem Fisch ermöglichen eine nahezu grenzenlose Vielfalt verschiedener Salate.

COBAN SALATASI (SCHÄFER-SALAT)

2 Port.

20 Min.

Leicht

Zutaten

3 Tomaten
3 Lauchzwiebeln
1 Salatgurke
1 rote Spitzpaprika
1 Bund glatte Petersilie
½ Zitrone
1 Handvoll Walnüsse
3 EL Olivenöl
Salz

Nährwerte p. P.

450 kcal
19 g Kohlenhydrate
36 g Fett
8 g Eiweiß

1 Zunächst die Tomaten waschen, die Stielansätze sowie die Kerne entfernen und das Fruchtfleisch in kleine Würfel schneiden. Danach die Gurke waschen, der Länge nach halbieren und in Scheiben zerteilen. Im Anschluss die Paprika waschen, das Kerngehäuse heraustrennen und die Schote würfeln. Nun die Lauchzwiebeln putzen, die Enden abtrennen und in Scheiben schneiden. Zum Schluss noch die Petersilie waschen, trocken tupfen und hacken sowie die Walnüsse grob zerhacken.

2 Alle Zutaten (außer die Walnüsse) in eine große Schüssel füllen, mit dem Olivenöl beträufeln und den Saft der halben Zitrone darüberpressen. Vorsichtig vermengen, mit etwas Salz abschmecken und abschließend mit den Walnüssen toppen.

3 Den fertigen Coban Salatasi servieren und genießen.

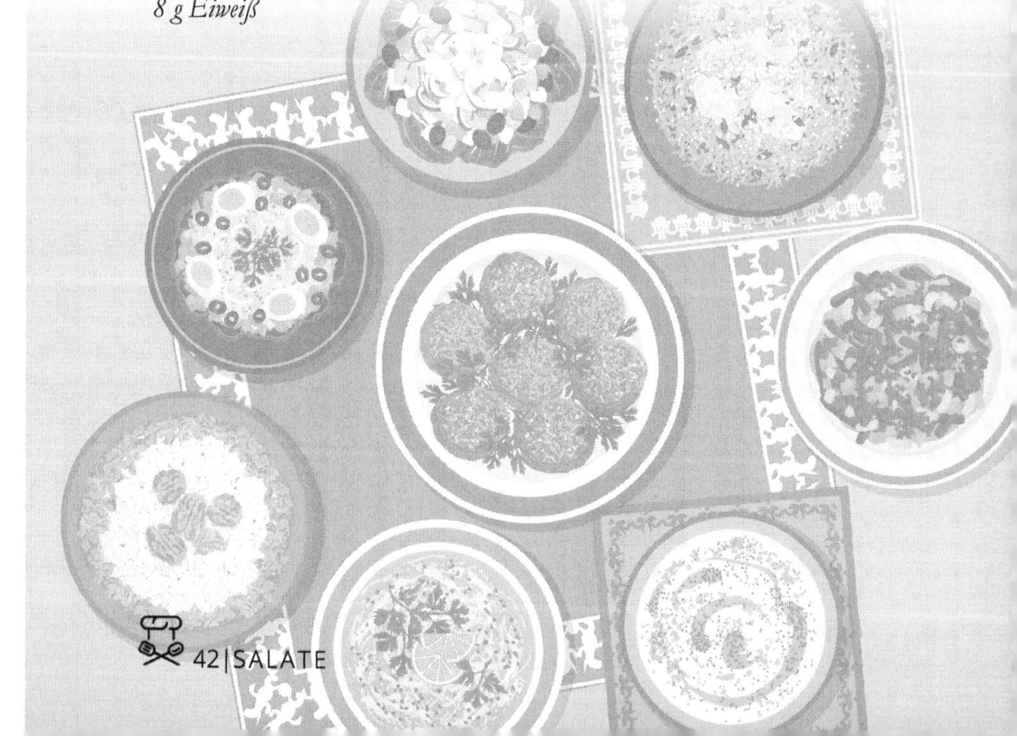

PIYAZ (BOHNENSALAT)

2 Port.

15 Min.

Leicht

Zutaten

2 rote Zwiebeln
2 Tomaten
1 Bund glatte Petersilie
1 grüne türkische Paprika
1 Dose weiße Riesenbohnen
6 EL Olivenöl
2 EL Weißweinessig
1 EL Zitronensaft
Salz
Pfeffer

Nährwerte p. P.

891 kcal
88 g Kohlenhydrate
47 g Fett
20 g Eiweiß

1 Zunächst die weißen Riesenbohnen in ein Sieb abkippen und abtropfen lassen. In der Zwischenzeit die Schale der Zwiebeln abziehen und in schmale Ringe aufschneiden. Danach die Tomaten waschen, die Stielansätze entfernen und in Spalten zerteilen. Nun die Paprika waschen, das Kerngehäuse entfernen und die Schote in Ringe aufschneiden. Abschließend noch die Petersilie waschen, trocken tupfen und hacken.

2 Das vorbereitete Gemüse in eine große Schüssel füllen und vorsichtig vermischen.

3 Als Nächstes den Essig in ein Gefäß gießen, den Zitronensaft hinzufügen und etwas Salz dazugeben. Gründlich verquirlen, bis sich das Salz aufgelöst hat, und anschließend mit etwas Pfeffer abschmecken. Zum Abschluss das Olivenöl unterziehen und nochmals ausgiebig verquirlen. Das fertige Dressing direkt über den Salat gießen und den fertigen Piyaz direkt servieren und genießen.

KISIR (COUSCOUS-SALAT)

4 Port.

15 Min.

Leicht

Zutaten

300 g Couscous
2 Zwiebeln
2 Knoblauchzehen
2 Tomaten
1 Bund Petersilie
450 ml Gemüsebrühe
2 EL Tomatenmark
1 TL Zitronensaft
Olivenöl
Chilipulver
Salz
Pfeffer

Nährwerte p. P.

323 kcal
58 g Kohlenhydrate
5 g Fett
8 g Eiweiß

1 Zunächst die Gemüsebrühe in einen Topf gießen und aufkochen lassen. Währenddessen den Couscous in eine Schüssel füllen und im Anschluss mit der kochenden Brühe übergießen. Die Schüssel zudecken und den Couscous für etwa 5 Minuten quellen lassen.

2 In der Zwischenzeit die Schale von der Zwiebel und dem Knoblauch abziehen und beides hacken. Anschließend die Paprika waschen, das Kerngehäuse heraustrennen und die Schote würfeln. Nun etwas Öl in eine Pfanne füllen, heiß werden lassen und das vorbereitete Gemüse bei mäßiger Hitze darin andünsten.

3 Währenddessen die Tomaten waschen, die Stielansätze heraustrennen und das Fruchtfleisch zerstückeln. Nun die Petersilie waschen, trocken tupfen und hacken. Beides zum Gemüse in die Pfanne geben, kurz anschwitzen und anschließend das Tomatenmark unterrühren.

4 Nach Ende der Ziehzeit das Gemüse aus der Pfanne zu dem Couscous in die Schale füllen, vorsichtig unterheben und abschließend mit Chili und Zitronensaft würzen sowie mit Salz und Pfeffer abschmecken.

5 Den fertigen Kisir direkt servieren und noch warm genießen.

PIRINC SALATASI (REISSALAT)

 4 Port.
 30 Min.
 Leicht

Zutaten

Für den Salat:
125 g Feta-Käse
6 Radieschen
3 Frühlingszwiebeln
1 Tasse Reis
1 rote Spitzpaprika
1 Möhre
1 kl. Dose Mais
1 Handvoll grüne Oliven

Für das Dressing:
2 Knoblauchzehen
1 Zitrone
6 EL Olivenöl
2 EL Granatapfelsirup
1 EL Dill
1 ½ TL Zucker
1 TL edelsüßes Paprikapulver
1 TL getrocknete Minze
½ TL Salz
1 Msp. Pfeffer

Nährwerte p. P.

460 kcal
32 g Kohlenhydrate
30 g Fett
10 g Eiweiß

1 Zunächst das Dressing vorbereiten. Hierfür die Schale der Knoblauchzehen abziehen und die Zehen in ein Gefäß pressen. Anschließend die Zitrone halbieren und den Saft zum Knoblauch pressen und den Dill dazugeben. Nun mit dem Olivenöl aufgießen und den Granatapfelsirup hinzufügen. Mit Zucker, Paprikapulver, Minze sowie Salz und Pfeffer würzen und kräftig verquirlen.

2 Als Nächstes einen Topf mit Wasser befüllen, salzen und den Reis darin nach Packungshinweis garen. Den fertigen Reis in eine Schüssel umfüllen, mit dem Dressing begießen und vermengen.

3 Nun die Schale der Möhre entfernen und würfeln sowie die Paprika waschen, das Kerngehäuse entfernen und die Schote ebenfalls in Würfel zerteilen. Danach die Frühlingszwiebel putzen, die Enden abtrennen und in Ringe schneiden. Abschließend die Radieschen waschen und in sehr dünne Scheiben aufschneiden sowie den Feta zerstückeln. Das vorbereitete Gemüse zu dem Reis in die Schüssel füllen, den Mais sowie die Oliven abkippen und ebenfalls hinzugeben. Alles gründlich untermischen und den fertigen Pirinc Salatasi servieren und genießen.

KIRMIZI LAHANA SALATASI (ROTKOHLSALAT)

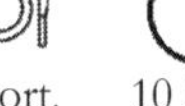

4 Port. 10 Min. Leicht

Zutaten

300 g Rotkohl
200 g Rucola
60 g rote Zwiebeln
60 g Walnüsse
30 g Olivenöl
20 g Granatapfelsirup
15 ml Essig
1 Knoblauchzehe
1 TL Salz

Nährwerte p. P.

223 kcal
9 g Kohlenhydrate
19 g Fett
5 g Eiweiß

1 Zunächst den Rotkohl waschen und in schmale Streifen schneiden und trocken tupfen. Danach den Rucola waschen, abtropfen lassen und bei Bedarf grob zerkleinern sowie die Walnüsse grob hacken. Anschließend die Schale der roten Zwiebeln abziehen und fein würfeln. Alle Zutaten (außer die Walnüsse) in eine große Schüssel füllen und vermengen.

2 Als Nächstes den Essig in ein kleines Gefäß gießen, die Knoblauchzehe schälen und dazupressen und anschließend den Granatapfelsirup hinzugießen. Zum Schluss das Salz hinzufügen und kräftig verquirlen, bis sich die Salzkristalle aufgelöst haben. Erst danach das Öl dazugeben und ausgiebig einrühren. Das fertige Dressing direkt über den Salat gießen, vermengen und mit den Walnüssen bestreuen.

3 Den fertigen Kirmizi Lahana Salatasi servieren und genießen.

PATATES SALATASI (KARTOFFELSALAT)

4 Port.

40 Min.

Leicht

Zutaten

300 g gekochte Kartoffeln
15 getrocknete Tomaten in Öl
5 Blätter Basilikum
2 Frühlingszwiebeln
1 rote Zwiebel
1 Tomate
1 Zitrone
30 ml Olivenöl
1 TL Salz
1 TL Sumach
Pfeffer
Chili

Nährwerte p. P.

214 kcal
22 g Kohlenhydrate
10 g Fett
5 g Eiweiß

1 Zunächst die gekochten Kartoffeln pellen und in gleichmäßige Scheiben schneiden. Anschließend die getrockneten Tomaten abgießen, abtropfen lassen und hacken sowie die Frühlingszwiebeln putzen und in Ringe schneiden. Danach die Schale der roten Zwiebel abziehen und hacken sowie die Tomate waschen, den Stielansatz heraustrennen und in Würfel schneiden. Alles in eine Schüssel füllen und miteinander vermischen.

2 Als Nächstes das Olivenöl in ein kleines Gefäß gießen, die Zitrone halbieren und den Saft dazupressen. Im Anschluss mit Chili, Sumach, Salz und Pfeffer würzen, kräftig verquirlen und dann über den Salat träufeln.

3 Zum Abschluss die Basilikumblätter in feine Streifen schneiden, den Patates Salatasi damit toppen und direkt servieren und genießen.

Fisch

Durch die Nähe zum Mittelmeer hat die türkische Küche eine Vielzahl an Fisch- und Meeresfrüchtegerichten zu bieten. Ob Forelle, Zander, Sardellen oder Lachs – in vielen Gerichten findet sich fangfrischer Fisch wieder.

HAMSI KIZARTMA (GEBRATENE SARDELLEN)

4 Port.

35 Min.

Leicht

Zutaten

1 kg Sardellen
3 EL Mehl
3 Eier
2 Zitronen
1 Zwiebel
Öl
Salz
Pfeffer

Nährwerte p. P.

300 kcal
7 g Kohlenhydrate
28 g Fett
5 g Eiweiß

1 Zunächst die Sardellen waschen, die Köpfe sowie die Innereien entfernen und abschließend mit Küchenpapier trocken tupfen.

2 Danach die Eier in ein flaches Gefäß aufschlagen und mit dem Mehl verrühren. Anschließend salzen und pfeffern.

3 Als Nächstes etwas Öl in eine große Pfanne füllen und erhitzen. Nun je 2 bis 3 Sardellen an den Schwanzflossen greifen, kopfüber in dem Mehl-Ei-Mix wenden und im Anschluss in die heiße Pfanne legen. Die Sardellen bei mäßiger Hitze für jeweils 2 bis 4 Minuten pro Seite ausbacken. Nach Ende der Garzeit auf einen mit Küchenpapier ausgelegten Teller legen und abtropfen lassen. Auf diese Weise alle Sardellen verarbeiten.

4 Zum Servieren die Zitronen halbieren und den Saft über die Sardellen träufeln. Abschließend die Zwiebel schälen, in Ringe aufschneiden und die Sardellen damit toppen.

5 Die fertigen Hamsi Kizartma servieren und genießen.

CIPURA BUGULAMA (DORADE AUS DEM OFEN)

2 Port. 1 Std. Leicht

Zutaten

10 g Butter
2 küchenfertige Doraden (mit Kopf und Schwanz)
2 Tomaten
2 Lorbeerblätter
1 Bund glatte Petersilie
1 Zitrone
2 EL Olivenöl
Salz
Pfeffer

Nährwerte p. P.

562 kcal
3 g Kohlenhydrate
23 g Fett
85 g Eiweiß

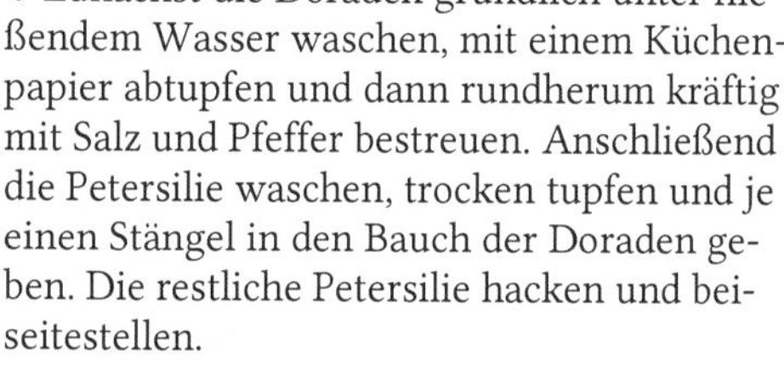

1 Zunächst die Doraden gründlich unter fließendem Wasser waschen, mit einem Küchenpapier abtupfen und dann rundherum kräftig mit Salz und Pfeffer bestreuen. Anschließend die Petersilie waschen, trocken tupfen und je einen Stängel in den Bauch der Doraden geben. Die restliche Petersilie hacken und beiseitestellen.

2 Nun den Backofen auf 220 °C Ober- und Unterhitze vorheizen und eine große Auflaufform mit Butter ausstreichen. Die Doraden nebeneinander in die vorbereitete Form legen und die Lorbeerblätter zwischen den Fischen platzieren.

3 Als Nächstes die Tomaten am Stielansatz kreuzförmig leicht einritzen und anschließend mit kochendem Wasser überbrühen. Mit kaltem Wasser abschrecken und dann vorsichtig die Haut der Tomaten abziehen. Nun die Stielansätze heraustrennen und die Tomaten in gleichmäßige Scheiben aufschneiden. Abschließend noch die Zitrone waschen, trocken reiben und ebenfalls in dünne Scheiben zerteilen.

4 Nun im Wechsel die Tomaten- sowie die Zitronenscheiben auf den Doraden drapieren und abschließend mit dem Olivenöl beträufeln. Die Auflaufform locker mit Alufolie abdecken und dann in den Ofen schieben. Die Doraden für ca. 25 Minuten bei 220 °C garen und danach die Hitze auf 180 °C reduzieren und für weitere 10 Minuten backen.

5 Nach Ablauf der Garzeit die fertigen Cipura Bugulama aus dem Ofen nehmen, servieren und direkt genießen.

BALIK EKMEK (FISCHBRÖTCHEN)

2 Port.

30 Min.

Schwer

Zutaten

50 g rote Zwiebeln
2 Makrelenfilets
1 Tomate
1 Baguette
1 Bund glatte Petersilie
½ Zitrone
1 EL Olivenöl
Öl
Salz
Pfeffer

Nährwerte p. P.

621 kcal
70 g Kohlenhydrate
22 g Fett
35 g Eiweiß

1 Zunächst die Petersilie waschen, trocken tupfen und in schmale Streifen hacken. Anschließend die Schale der Zwiebel abziehen und ebenfalls in schmale Streifen schneiden. Abschließend noch die Tomate waschen, den Stielansatz heraustrennen und die Tomate in Scheiben aufschneiden.

2 Als Nächstes das Baguette der Länge nach aufschneiden und die Innenflächen der Hälften mit dem Olivenöl bestreichen. Nun eine Pfanne auf die Herdplatte stellen, diese erhitzen und die Baguettehälften mit der Schnittseite nach unten darin anrösten.

3 Die gerösteten Brothälften aus der Pfanne nehmen, etwas Öl hineingeben und erhitzen. Währenddessen die Makrelen mit etwas Salz bestreuen und im Anschluss bei mäßiger Hitze für je 2 bis 3 Minuten pro Seite garen. Hierbei zunächst auf der Hautseite garen und dann wenden. Abschließend den Saft einer halben Zitrone darüberträufeln und mit etwas Pfeffer bestreuen.

4 Zum Anrichten die untere Baguettehälfte zunächst mit den Makrelen belegen, dann mit den Tomaten und Zwiebeln toppen sowie mit der Petersilie bestreuen. Die obere Brothälfte auf die belegte Hälfte legen und das Baguette nochmals in zwei Stücke zerteilen.

5 Das fertige Balik Ekmek servieren und direkt genießen.

KAGITTA SOMON (GEBACKENER LACHS)

4 Port. 40 Min. Leicht

Zutaten

8 Schalotten
4 Lorbeerblätter
4 Lachsfilets
4 Knoblauchzehen
1 Möhre
1 Zitrone
½ Porree
7 EL Olivenöl
Salz
Pfeffer

Nährwerte p. P.

594 kcal
8 g Kohlenhydrate
46 g Fett
36 g Eiweiß

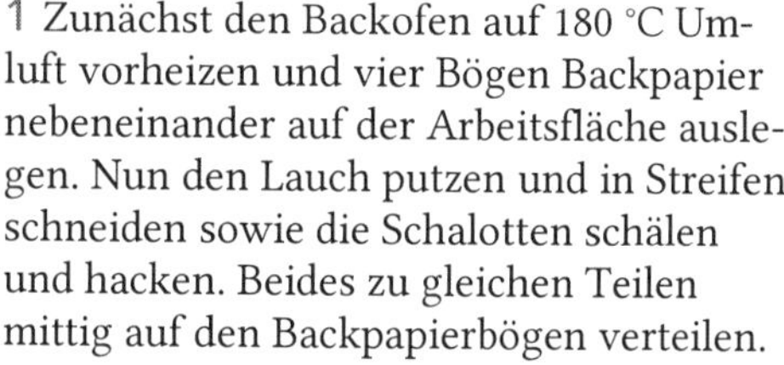

1 Zunächst den Backofen auf 180 °C Umluft vorheizen und vier Bögen Backpapier nebeneinander auf der Arbeitsfläche auslegen. Nun den Lauch putzen und in Streifen schneiden sowie die Schalotten schälen und hacken. Beides zu gleichen Teilen mittig auf den Backpapierbögen verteilen.

2 Als Nächstes den Lachs unter fließendem Wasser abspülen, mit einem Küchenpapier trocken tupfen und je ein Filet auf das vorbereitete Gemüse legen und den Fisch leicht salzen und pfeffern.

3 Nun die Möhren schälen und in dünne Scheiben zerteilen. Danach die Schale vom Knoblauch abziehen und in dünne Scheiben schneiden sowie die Zitrone waschen, trocken reiben und ebenfalls in dünne Scheiben schneiden. Das vorbereitete Gemüse sowie die Lorbeerblätter auf den Lachsfilets verteilen und mit dem Olivenöl beträufeln.

4 Das Backpapier einschlagen und so vier fest verschlossene Päckchen falten. Die Lachs-Päckchen nebeneinander auf ein Backblech legen und das Blech für ca. 20 Minuten in den Ofen schieben.

5 Nach Ende der Garzeit den fertigen Kagitta Somon aus dem Ofen nehmen, vorsichtig auspacken und direkt servieren und genießen.

BALIK YAHNISI (FISCHGULASCH)

2 Port.

30 Min.

Leicht

Zutaten

300 g Seelachsfilet
250 g Tomaten
2 Knoblauchzehen
½ Bund Frühlingszwiebeln
½ rote Paprika
½ grüne Paprika
½ Zitrone
2 EL Olivenöl
1 EL Butter
Oregano
Pul Biber
Salz
Pfeffer

Nährwerte p. P.

421 kcal
15 g Kohlenhydrate
28 g Fett
24 g Eiweiß

1 Zunächst den Backofen auf 200 °C Ober- und Unterhitze vorheizen und den Seelachs unter fließendem Wasser abspülen, mit einem Küchenpapier trocken tupfen und in mundgerechte Stücke zerkleinern. Den Saft einer halben Zitrone darüberträufeln und den Fisch etwas ziehen lassen.

2 In der Zwischenzeit die Schale der Knoblauchzehen abziehen und die Zehen sehr fein hacken. Danach die Frühlingszwiebeln putzen und in dünne Scheiben schneiden sowie die Paprika waschen, die Kerngehäuse entfernen und die Schote in schmale Streifen schneiden. Zum Schluss noch die Tomaten waschen, die Stielansätze entfernen und würfeln.

3 Nun das Olivenöl in eine Pfanne füllen, erhitzen und den Knoblauch kurz bei mäßiger Hitze darin anschwitzen. Anschließend zunächst die Frühlingszwiebeln, die Paprikastreifen sowie die Tomaten hinzufügen und alles zusammen für 3 bis 5 Minuten garen. Danach mit Pul Biber, Oregano sowie Salz und Pfeffer würzen.

4 Als Nächstes den Lachs dazugeben, unterheben und vorsichtig die Butter einrühren. Die Pfanne mit einem Deckel abdecken und alles bei mäßiger Hitze für ca. 5 Minuten sanft köcheln lassen. Nach Ende der Garzeit den Fisch-Gemüse-Mix in eine Auflaufform umfüllen, in den Ofen schieben und für etwa 10 Minuten garen.

5 Das fertige Balik Yahnisi aus dem Ofen nehmen und noch heiß servieren.

TUZLANMIS BALIK (FISCH IN MEERSALZKRUSTE)

4 Port.

2 Std. 15 Min.

Leicht

Zutaten

1 kg Forelle
500 g Meersalz
1 Knoblauchzehe
einige Zitronenscheiben
etwas Butter
frische Kräuter nach Wahl
Pfeffer

Nährwerte p. P.

354 kcal
1 g Kohlenhydrate
18 g Fett
48 g Eiweiß

1 Zunächst den Backofen auf 200 °C Ober- und Unterhitze vorheizen und ein Backblech mit reichlich Meersalz bedecken. Danach die Forelle unter fließendem Wasser abspülen und mit einem Küchenpapier trocken tupfen. Mithilfe eines scharfen Messers auf beiden Seiten je zwei kleine Taschen einschneiden.

2 Nun die Schale vom Knoblauch abziehen, die Zehe fein hacken und in die vorbereiteten Taschen füllen. Die frischen Kräuter waschen, trocken tupfen, hacken und in den Bauch der Forelle füllen. Den Fisch oberflächlich leicht salzen und pfeffern, auf das vorbereitete Backblech legen und vollständig mit Meersalz bedecken. Das Salz hierbei leicht an den Fisch andrücken.

3 Das Blech in den Ofen schieben und die Forellen für etwa 60 Minuten garen. Nach Ende der Garzeit das Blech aus dem Ofen nehmen, die obere Salzkruste öffnen und den Fisch vorsichtig herausnehmen. Den fertigen Tuzlanmis Balik mit einigen Butterflöckchen toppen und mit Zitronenscheiben servieren.

MIDYE DOLMASI (GEFÜLLTE MUSCHELN)

8 Port.

4 Std.

Leicht

Zutaten

120 g Reis
40 g getrocknete Cranberrys
40 g Pinienkerne
40 Muscheln
2 Zwiebeln
1 Tomate
½ Bund Petersilie
½ Bund Dill
1 EL Tomatenmark
1 TL Zimt
1 TL Chilipulver
Zitronenspalten
Olivenöl
Salz
Pfeffer

Nährwerte p. P.

137 kcal
13 g Kohlenhydrate
3 g Fett
14 g Eiweiß

1 Zunächst die Cranberrys in eine Schüssel füllen, mit reichlich warmem Wasser begießen und für ca. 15 Minuten einweichen lassen. Anschließend in ein Sieb abkippen und abtropfen lassen.

2 Als Nächstes den Reis gründlich unter kaltem Wasser durchwaschen sowie die Zwiebel schälen und fein würfeln. Danach die Tomaten waschen, die Stielansätze entfernen und ebenfalls zerkleinern sowie die Petersilie und den Dill waschen, trocken tupfen und hacken.

3 Etwas Olivenöl in einen Topf füllen, heiß werden lassen und die Zwiebeln darin bei mäßiger Hitze kurz anschwitzen. Im Anschluss die Pinienkerne mit in den Topf füllen, andünsten und nach 2 bis 3 Minuten die Tomaten sowie das Tomatenmark einrühren. Mit Zimt und Chilipulver würzen sowie leicht salzen und pfeffern. Unter Rühren für ca. 5 bis 6 Minuten leicht kochen lassen.

4 Anschließend den Reis dazugeben und alles mit Wasser aufgießen, bis der Gemüse-Reis-Mix vollständig bedeckt ist. Kurz bei starker Hitze aufkochen und dann für weitere 15 Minuten sanft köcheln lassen.

5 Nach Ende der Garzeit den Topf vom Herd nehmen und den Gemüse-Reis-Mix etwas abkühlen lassen. Erst danach den Dill und die Petersilie unterheben und die Masse für mindestens 60 Minuten ruhen lassen.

6 In der Zwischenzeit die Muscheln gründlich unter kaltem Wasser waschen. Bereits geöffnete Muscheln hierbei aussortieren. Nun die Muscheln in eine Schüssel füllen, mit warmem Wasser aufgießen und kurz ruhen lassen. Im Anschluss die Muscheln mithilfe eines scharfen Messers vorsichtig öffnen (aber nicht durchtrennen) und das Muschelfleisch einschneiden. Hierbei das Muschelwasser auffangen. Jede Muschel mit etwas Reis-Gemüse-Mix befüllen und wieder leicht zusammendrücken und so verschließen. Die gefüllten Muscheln kreisförmig und sehr eng in einen Topf schichten. Nun den Muschelsaft mit der gleichen Menge Wasser vermischen und dieses Gemisch vorsichtig in den Topf gießen. Hierbei sollte die Flüssigkeit die Muscheln nicht bedecken, sondern lediglich bis zur Hälfte der Höhe reichen. Die Muscheln mit einem Teller beschweren, den Topf mit einem Deckel verschließen und auf den Herd geben. Bei starker Hitze aufkochen lassen und danach bei schwacher Hitze für ca. 20 Minuten garen.

7 Nach Ende der Garzeit den Topf von der Herdplatte nehmen, den Deckel öffnen und den Teller entfernen. Die Muscheln nun für weitere 60 Minuten ruhen lassen.

8 Zum Servieren die Muscheln vorsichtig aus dem Topf nehmen, mit Zitronenspalten anrichten und die fertigen Midye Dolmasi genießen.

KUMPIR (GEFÜLLTER LACHS)

2 Port.

1 Std.

Leicht

Zutaten

600 g mehligkochende Kartoffeln
250 g Lachsfilet, ohne Haut
200 g Joghurt
2 Limetten
1 Zucchini
1 Knoblauchzehe
1 Stiel Minze
2 EL Chilisoße
1 EL Olivenöl
1 TL Sesam
Curry
Salz
Pfeffer

Nährwerte p. P.

650 kcal
46 g Kohlenhydrate
31 g Fett
44 g Eiweiß

1 Zunächst den Backofen auf 200 °C Umluft vorheizen und ein Backblech mit Backpapier auslegen. Anschließend die Kartoffeln waschen, mehrfach mit einer Gabel einstechen und abschließend mit etwas Öl bestreichen. Die Kartoffeln nebeneinander auf das vorbereitete Backblech legen, in den Ofen schieben und für ca. 55 Minuten garen.

2 In der Zwischenzeit die Limetten waschen, trocken reiben und die Schale fein raspeln. Danach die Limetten halbieren und den Saft herauspressen sowie die Zucchini waschen, die Enden abtrennen und in schmale Scheiben zerteilen. Die Zucchinischeiben in eine Schale geben, mit ½ TL Salz sowie 1 TL Sesam bestreuen und etwa die Hälfte vom Limettensaft darübergeben. Gründlich vermischen und anschließend durchziehen lassen.

3 Währenddessen den Lachs unter fließendem Wasser abspülen, mit einem Küchenpapier trocken tupfen und leicht salzen. Den Fisch in eine flache Auflaufform legen. Nun die Chilisoße in ein hohes Gefäß geben, mit dem Limettenabrieb sowie dem restlichen Limettensaft vermischen und anschließend über dem Fisch verteilen. Den Fisch für die letzten 10 Minuten zu den Kartoffeln in den Backofen geben und mitgaren.

4 Zwischenzeitlich die Schale vom Knoblauch abziehen, die Zehe fein hacken und in eine Schüssel füllen. Den Joghurt hinzufügen, mit Curry sowie Salz und Pfeffer würzen und gründlich umrühren. Zum Schluss noch die Minze waschen und trocken tupfen.

5 Nach Ende der Garzeit die Kartoffeln und den Fisch aus dem Ofen nehmen, die Kartoffeln der Länge nach aufschneiden und leicht auseinanderdrücken. Etwas Zucchini-Masse in die Kartoffeln geben. Nun das Lachsfilet mithilfe von zwei Gabeln zerzupfen und die Kartoffeln damit toppen. Zum Schluss mit einem Klecks Knoblauch-Joghurt-Dip garnieren und mit einigen Minzblättern dekorieren. Den fertigen Kumpir servieren und direkt genießen.

Fleisch

Die türkische Küche ist insbesondere für ihre Vielzahl von leckeren Fleischgerichten bekannt. Aufgrund der Vielzahl an Schafen, die in der Türkei beheimatet sind, finden sich vor allem köstliche Lamm- und Hammelfleischgerichte auf den meisten Speisekarten wieder. Ob als Eintopf, aus dem Ofen oder vom Grill, das Schafsfleisch gilt als besonders wandelbar und sehr geschmackvoll. Darüber hinaus gilt auch das Kebap, also Fleischspieße mit Röstfleisch, als exquisites Nationalgericht und ist in nahezu jedem Restaurant zu finden.

Aber auch Hühner- und Rindfleisch werden in der türkischen Küche gerne und häufig verarbeitet und sind Bestandteil vieler leckerer Gerichte, wie beispielsweise dem Tavuk Sote oder der Tantuni.

Besonders hervorzuheben sind an dieser Stelle die traditionellen Köfte. Hierbei handelt es sich um eine Art Frikadelle, die wahlweise aus Lamm-, Hühner- oder Rinderhackfleisch besteht, welche mit Zimt, Minze, Kreuzkümmel, Koriander sowie Sumak, Knoblauch oder auch Petersilie gewürzt werden. Die Köfte werden anschließend traditionell gegrillt oder aber auch gebraten. Für die klassischen Köfte gibt es eine Vielzahl an Zubereitungsarten, die sich durch regionale und kulturelle Gegebenheiten in ihrer Zubereitungsart unterscheiden können.

TAVUK SIS (HÄHNCHENSPIEẞE IN JOGHURT-MARINADE)

4 Port. | 4 Std. 50 Min. | Leicht

Zutaten

Für die Spieße:
800 g Hähnchenbrust
10 g Salz
4 EL Joghurt
2 EL Olivenöl
1 EL Tomatenmark
1 TL Kreuzkümmel
1 TL Sumach
1 TL edelsüßes Paprikapulver
½ TL Pul Biber

Für den Knoblauch-Joghurt:
200 g Joghurt
2 Knoblauchzehen
2 EL glatte Petersilie
1 EL Dill
1 EL Minze
Salz

Nährwerte p. P.

330 kcal
4 g Kohlenhydrate
14 g Fett
47 g Eiweiß

1 Zunächst das Hähnchenfleisch unter fließendem Wasser abspülen, mit einem Küchenpapier trocken tupfen und anschließend in mundgerechte Stücke zerteilen.

2 Als Nächstes die Marinade zubereiten. Hierfür 4 EL Joghurt in eine Schüssel füllen, das Olivenöl hinzufügen und mit dem Tomatenmark vermischen. Im Anschluss mit Paprikapulver, Pul Biber, Sumach, Kreuzkümmel und Salz würzen und kräftig durchrühren.

3 Das vorbereitete Hähnchenfleisch in die Marinade geben, gründlich vermengen und im Kühlschrank für etwa 4 Stunden ziehen lassen.

4 In der Zwischenzeit den Knoblauch-Joghurt herstellen. Dafür die Knoblauchzehen schälen, in einen Mörser geben und zusammen mit etwas Salz zerreiben. Nun den Joghurt in eine Schüssel füllen und die Knoblauchpaste einrühren. Abschließend die Minze, die Petersilie und den Dill untermischen und bei Bedarf mit etwas Salz abschmecken.

5 Nach Ende der Ziehzeit das Fleisch aus dem Kühlschrank nehmen und die Hähnchenwürfel auf Spieße stecken. Die Spieße auf den Grill (wahlweise auch in eine Grillpfanne) geben und für etwa 6 bis 10 Minuten bei mäßiger Hitze rundherum grillen/braten.

6 Die fertigen Tavuk Sis zusammen mit dem Knoblauch-Joghurt servieren und genießen.

TAVUK PIRZOLA (HÄHNCHEN-KOTELETTS MIT GEGRILLTER PAPRIKA)

4 Port.

1 Std. 55 Min.

Leicht

Zutaten

5 Spitzpaprika
4 entbeinte Hähnchenkeulen
2 Knoblauchzehen
2 EL Olivenöl
1 EL Salça Paste
1 TL edelsüßes Paprikapulver
1 TL Cajun Gewürzmischung
1 TL Kekik Gewürzmischung
½ TL Salz
½ TL Pfeffer

Nährwerte p. P.

454 kcal
14 g Kohlenhydrate
25 g Fett
40 g Eiweiß

1 Zunächst die Marinade zubereiten. Hierfür die Knoblauchzehen schälen und eine Schüssel pressen. Mit dem Olivenöl aufgießen, die Salça Paste hinzufügen und gründlich verrühren. Anschließend mit dem Paprikapulver, dem Cajun, dem Kekik sowie Salz und Pfeffer würzen. Noch mal kräftig umrühren.

2 Nun die Hähnchenkeulen unter fließendem Wasser abspülen, mit einem Küchenpapier trocken tupfen und anschließend mit der Marinade einreiben. Das Fleisch für ca. 1 Stunde im Kühlschrank durchziehen lassen.

3 Nach Ende der Ziehzeit den Backofen auf 180 °C Umluft vorheizen, die Hähnchenkeulen auf ein Rost legen und für etwa 40 Minuten im Ofen garen. Hierbei eine Fettpfanne unter das Rost stellen.

4 Währenddessen die Paprika waschen und ca. 10 Minuten vor Ende der Garzeit mit auf das Rost in den Ofen geben und mitgaren.

5 Das fertige Tavuk Pirzola aus dem Ofen nehmen, servieren und warm genießen.

TAVUK SOTE (SCHNELLE HÄHNCHENPFANNE)

6 Port.

35 Min.

Leicht

Zutaten

500 g Hähnchenbrustfilet
4 Tomaten
4 grüne Spitzpaprika
3 EL Öl
1 EL Tomatenmark
1 TL Kreuzkümmel
1 TL edelsüßes Paprikapulver
1 TL Salz
½ TL Pfeffer

Nährwerte p. P.

181 kcal
5 g Kohlenhydrate
8 g Fett
21 g Eiweiß

1 Zunächst die Hähnchenbrust unter fließendem Wasser abspülen, mit einem Küchenpapier trocken tupfen und würfeln. Danach die Tomaten am Stielansatz kreuzförmig einritzen, mit kochendem Wasser überbrühen und mit kaltem Wasser abschrecken. Im Anschluss vorsichtig die Haut der Tomaten abziehen und das Fruchtfleisch hacken. Danach die Paprika waschen, das Kerngehäuse entfernen und die Schoten in schmale Ringe aufschneiden.

2 Anschließend das Öl in eine Pfanne geben, erhitzen und das Fleisch darin bei mäßiger Hitze rundherum anbraten. Nach 4 bis 5 Minuten das Tomatenmark dazugeben und kurz mit anschwitzen. Nun die Tomaten sowie die Paprika hinzufügen und mit Paprikapulver, Kreuzkümmel sowie Salz und Pfeffer würzen.

3 Die Hähnchenpfanne unter Rühren für ca. 15 bis 20 Minuten sanft köcheln lassen.

4 Die fertige Tavuk Sote servieren und genießen.

TAVUKLU PILAV (REIS MIT HÄHNCHEN)

4 Port.

5 Std. 30 Min.

Mittel

Zutaten

3 Hähnchenkeulen
300 g Pilavlık Pirinç (türkischer Rundkornreis)
150 g Kichererbsen aus der Dose
100 g Butter
1 Bund glatte Petersilie
2 ½ Liter Hühnerbrühe
500 ml heißes Wasser
4 EL Reisnudeln
2 TL Salz

Nährwerte p. P.

767 kcal
70 g Kohlenhydrate
35 g Fett
42 g Eiweiß

1 Zunächst die Hähnchenkeulen unter fließendem Wasser abspülen und in einen Topf geben. Mit der Hühnerbrühe aufgießen und bei mäßiger Hitze für etwa 3 Stunden sanft köcheln lassen. Nach Ende der Kochzeit den Topf vom Herd nehmen und die Brühe auf Zimmertemperatur abkühlen lassen. Nun die Hähnchenkeulen aus dem Topf nehmen, die Knochen sowie die Haut entfernen und das Fleisch in mundgerechte Stücke zerschneiden. Die Brühe aufbewahren.

2 Als Nächstes den Reis in eine Schüssel füllen, mit dem Wasser aufgießen und 2 TL Salz einrühren. Den Reis für etwa 1 Stunde ruhen lassen. Nach Ablauf der Ruhezeit den Reis in ein Sieb abkippen, mit kaltem Wasser ausgiebig durchspülen und abtropfen lassen.

3 Nun die Butter in einen Schmortopf geben, schmelzen lassen und die Reisnudeln bei mäßiger Hitze für etwa 2 bis 3 Minuten darin anschwitzen. Danach den Reis hinzufügen und für ca. 10 Minuten mitdünsten. Währenddessen mehrfach umrühren. Im Anschluss die Kichererbsen untermischen und mit ca. 700 ml Hühnerbrühe aufgießen. Etwa ⅔ des Hähnchenfleisches dazugeben und dann den Schmortopf mit einem Deckel verschließen. Kurz bei starker Hitze aufkochen und danach bei schwacher Hitze für ca. 15 Minuten schmoren lassen.

4 Nach Ablauf der Schmorzeit den Topf vom Herd nehmen, den Deckel kurz öffnen und 3 bis 4 Bögen Küchenpapier auf den Topf legen. Den Deckel wieder schließen und nochmals für 15 Minuten ruhen lassen. In der Zwischenzeit die Petersilie waschen, trocken tupfen und fein hacken.

5 Nach Ende der Ruhezeit den Topf öffnen und alles vorsichtig mit einem Holzlöffel umrühren. Das fertige Tavuklu Pilav auf vier tiefe Teller verteilen, mit dem restlichen Hähnchenfleisch toppen sowie mit etwas gehackter Petersilie bestreuen. Direkt servieren und genießen.

GÜVEC (HÄHNCHENEINTOPF)

2 Port. 50 Min. Leicht

Zutaten

200 g Hähnchenbrustfilets
1 rote Paprika
1 gelbe Paprika
1 Zwiebel
1 Kartoffel
1 Liter Wasser + 400 ml Wasser
2 EL Öl
1 EL Tomatenmark
edelsüßes Paprikapulver

Nährwerte p. P.

326 kcal
20 g Kohlenhydrate
14 g Fett
26 g Eiweiß

1 Zunächst den Backofen auf 200 °C Umluft vorheizen und das Hähnchenbrustfilet unter fließendem Wasser abspülen und mit einem Küchenpapier trocken tupfen. Anschließend das Fleisch würfeln und in eine Schüssel füllen. Nun die Schale der Zwiebel abziehen und hacken sowie die Kartoffel schälen und in mundgerechte Stücke zerteilen. Abschließend noch die Paprika waschen, das Kerngehäuse entfernen und die Schote ebenfalls in Würfel schneiden. Das vorbereitete Gemüse zum Fleisch in die Schüssel geben und kurz vermengen.

2 Den Gemüse-Fleisch-Mix mit dem Öl beträufeln, das Tomatenmark dazugeben und mit 400 ml Wasser aufgießen. Gründlich verrühren und mit etwas Paprikapulver würzen. Nochmals alles gründlich vermengen und anschließend in einen Schmortopf umfüllen. Den Schmortopf auf ein tiefes Backblech legen und dies mit 1 Liter Wasser aufgießen. Das Blech vorsichtig in den Backofen schieben und für etwa 30 Minuten garen.

3 Anmerkung: Sollte hierbei das Wasser auf dem Blech zu schnell verdunsten, kann dies einfach etwas nachgefüllt werden.

4 Nach Ende der Garzeit den fertigen Güvec aus dem Ofen nehmen, auf zwei tiefe Teller verteilen und direkt genießen.

CERKEZ TAVUGU (GEFLÜGELSALAT)

2 Port.

50 Min.

Leicht

Zutaten

70 g gehackte Walnüsse
4 Scheiben altes Weißbrot
2 Tassen Hühnerbrühe
½ Hähnchenbrust
1 Knoblauchzehe
2 EL Süzme Yogurt
2 EL Olivenöl
1 EL Butter
1 EL Mayonnaise
2 TL Paprikapulver
½ TL Kreuzkümmel
Salz
weißer Pfeffer

Nährwerte p. P.

647 kcal
25 g Kohlenhydrate
50 g Fett
24 g Eiweiß

1 Zunächst die Hühnerbrust unter fließendem Wasser abspülen, in einen Topf legen und mit der Brühe aufgießen. Bei starker Hitze aufkochen und dann bei schwacher Hitze für ca. 25 bis 30 Minuten garen. Nach Ende der Garzeit das Fleisch aus dem Topf nehmen, etwas abkühlen lassen und dann mithilfe von zwei Gabeln auseinanderzupfen.

2 Als Nächstes die Schale vom Knoblauch abziehen und die Zehe fein hacken. Danach die Rinde vom Brot abschneiden, die Scheiben in eine Schüssel legen und mit etwas warmem Wasser begießen. Kurz einweichen lassen, danach ausdrücken und in eine Schüssel geben. Nun das Hähnchenfleisch hinzufügen und den Knoblauch dazugeben. Danach den Joghurt und die Mayonnaise mit in die Schüssel füllen und gründlich mit dem Brot-Fleisch-Mix vermengen. Zwischenzeitlich mit 1 TL Paprikapulver, Kreuzkümmel sowie Salz und Pfeffer würzen. Zum Schluss noch die Walnüsse unterheben.

3 Danach die Butter sowie das Olivenöl in eine kleine Pfanne füllen, erhitzen und mit dem restlichen Paprikapulver bestäuben. Mithilfe eines Schneebesens kräftig aufschäumen.

4 Den fertigen Cerkez Tavugu auf zwei Schalen verteilen, mit dem Paprika-Öl beträufeln und direkt servieren.

KUZU CÖMLEGI (LAMMTOPF)

4 Port.

1 Std.
10 Min.

Leicht

Zutaten

500 g Lammschulter
200 g Fisolen
4 Knoblauchzehen
2 Zwiebeln
2 Zucchini
1 Aubergine
1 Kartoffel
1 Tomate
1 Möhre
½ rote Paprika
½ grüne Paprika
2 Tassen Wasser
2 EL Öl
2 EL Tomatenmark
1 EL Salz
1 EL Petersilie
½ EL Thymian
1 Prise Pfeffer

Nährwerte p. P.

188 kcal
32 g Kohlenhydrate
2 g Fett
10 g Eiweiß

1 Zunächst das Fleisch unter fließendem Wasser abspülen, mit einem Küchenpapier trocken tupfen und in mundgerechte Stücke schneiden. Anschließend die Schale der Zwiebel abziehen und würfeln sowie den Knoblauch schälen und fein hacken. Nun das Öl in eine Pfanne geben, erhitzen und das vorbereitete Gemüse darin anschwitzen. Nach 1 bis 2 Minuten das Fleisch dazugeben und bei schwacher Hitze rundherum anbraten.

2 In der Zwischenzeit die Tomaten am Stielansatz kreuzförmig einritzen, mit kochendem Wasser überbrühen und mit kaltem Wasser abschrecken. Vorsichtig die Haut der Tomaten abziehen und das Fruchtfleisch würfeln. Nun das Tomatenmark zum Fleisch in die Pfanne geben, einrühren und mit Salz und Pfeffer würzen. Danach die Tomaten hinzufügen und alles mit dem Wasser aufgießen. Bei starker Hitze kurz aufkochen und im Anschluss bei schwacher Hitze für etwa 30 Minuten sanft köcheln lassen.

3 Währenddessen die Schale der Kartoffeln entfernen und würfeln sowie die Zucchini und die Aubergine waschen, der Länge nach halbieren und in Scheiben schneiden. Danach die Paprika waschen, das Kerngehäuse entfernen und die Schote in schmale Streifen zerteilen sowie die Möhre schälen und in dünne Scheiben schneiden. Zum Schluss noch die Bohnen putzen und bei Bedarf zerkleinern.

4 Nach Ende der Garzeit die Kartoffeln sowie die Bohnen und die Möhren mit in die Pfanne geben und für weitere 10 Minuten garen. Im Anschluss das restliche Gemüse hinzufügen und nochmals für etwa 10 bis 15 Minuten leise köcheln lassen.

5 Nach Ende der Kochzeit die Kräuter einrühren und den fertigen Kuzu Cömlegi servieren und warm genießen.

SHISH KEBAP (GEGRILLTES LAMM AN ZWEI MARINADEN)

6 Port.

4 Std.
15 Min.

Leicht

Zutaten

Für die Zitronenmarinade:
2 Knoblauchzehen
1 Zitrone
3 EL Olivenöl
1 TL Kreuzkümmel
1 TL Pul Biber
Salz
Pfeffer

Für die Milch-Zwiebelmarinade:
2 Knoblauchzehen
1 Zwiebel
150 ml Milch
50 ml Olivenöl
1 EL Baharat
1 TL Salz
1 TL Pfeffer

Für die Spieße:
1 ½ kg Lammschulter
6 Sivri-Paprika
4 Fleischtomaten
2 Gemüsezwiebeln

Nährwerte p. P.

515 kcal
15 g Kohlenhydrate
25 g Fett
54 g Eiweiß

1 Zunächst die Zitronen-Marinade zubereiten. Hierfür die Zitrone halbieren und den Saft in eine Schüssel pressen. Anschließend das Olivenöl dazugießen und den Kreuzkümmel sowie das Pul Biber dazugeben. Zum Schluss den Knoblauch schälen und dazu pressen. Mit Salz und Pfeffer würzen und kräftig verrühren.

2 Als Nächstes die Milch-Zwiebel-Marinade herstellen. Dafür das Olivenöl und die Milch in ein Gefäß gießen und verquirlen. Anschließend die Zwiebel sowie den Knoblauch schälen und beides zum Milch-Öl-Mix in das Gefäß reiben. Anschließend mit Baharat, Salz und Pfeffer würzen und alles gründlich umrühren.

3 Nun das Lammfleisch unter fließendem Wasser abspülen, mit einem Küchenpapier trocken tupfen und in mundgerechte Stücke zerteilen. Die Fleischmenge halbieren und je eine Hälfte in eine der Marinaden wälzen. Das marinierte Fleisch abdecken und für mindestens 3 Stunden im Kühlschrank durchziehen lassen.

4 In der Zwischenzeit die Tomaten waschen, die Stielansätze entfernen und in Spalten schneiden. Anschließend die Zwiebeln schälen und in Viertel zerteilen. Zum Schluss noch die Paprika waschen, die Kerne entfernen und in Stücke (ca. 3 cm) zerschneiden.

5 Nach Ende der Ziehzeit die Spieße vorbereiten. Hierfür im Wechsel das Fleisch, die Zwiebeln, die Tomaten und die Paprika aufspießen. Die fertigen Spieße auf dem Grill (wahlweise auch in der Pfanne) für 6 bis 8 Minuten rundherum bei mäßiger Hitze garen. Das fertige Shish Kebap servieren und heiß genießen.

PILAW (REISPFANNE)

5 Port.

1 Std.
15 Min.

Leicht

Zutaten

700 g Lammfleisch
200 g Risottoreis
200 g Kirschtomaten
40 g Korinthen
40 g Mandelkerne
3 Möhren
2 Zwiebeln
2 Knoblauchzehen
1 Porree
1 Peperoni
1 Döschen Safranfäden
750 ml Gemüsebrühe
5 EL Olivenöl
3 EL Tomatenmark
4 TL Sahnejoghurt
1 TL Chilipulver
1 TL Zimt
Salz
Pfeffer

Nährwerte p. P.

620 kcal
36 g Kohlenhydrate
42 g Fett
24 g Eiweiß

1 Zunächst das Fleisch unter fließendem Wasser abspülen, mit einem Küchenpapier trocken tupfen und würfeln. Anschließend die Schale vom Knoblauch und der Zwiebel entfernen und beides hacken. Nun die Peperoni waschen, der Länge nach aufschneiden, die Kerne herauskratzen und die Schote in schmale Streifen schneiden.

2 Als Nächstes das Öl in eine Pfanne füllen, erhitzen und das Fleisch bei starker Hitze rundherum scharf anbraten. Danach die Zwiebeln, die Peperoni und den Knoblauch dazugeben und mit anschwitzen. Währenddessen mit Chili, Zimt, Safran sowie Salz und Pfeffer würzen. Anschließend den Reis einrieseln lassen, das Tomatenmark einrühren und anschwitzen. Nach 1 bis 2 Minuten mit der Brühe aufgießen und bei schwacher Hitzezufuhr für 15 bis 20 Minuten sanft köcheln lassen.

3 In der Zwischenzeit die Möhren schälen und in dünne Scheiben schneiden sowie den Porree putzen und in Ringe zerteilen. Abschließend noch die Korinthen waschen und abtropfen lassen.

4 Nach Ende der Kochzeit den Porree, die Möhren und die Korinthen mit in die Pfanne geben, untermischen und für weitere 10 Minuten garen.

5 Währenddessen die Mandeln halbieren und in einer Pfanne ohne Zugabe von Fett bei mäßiger Hitze anrösten. Die Mandeln auf einen Teller kippen und abkühlen lassen. Danach die Tomaten waschen und abtropfen lassen.

6 Nach Ablauf der Garzeit die Mandeln sowie die Tomaten mit in die Pfanne füllen, unterheben und nochmals für 10 Minuten sanft köcheln lassen. Das fertige Pilaw in tiefe Teller füllen, mit je 1 EL Joghurt toppen und direkt servieren.

KUZU GÜVEC (LAMMRAGOUT)

4 Port.

1 Std.

Leicht

Zutaten

750 g Lammfleisch
150 g Blattspinat
80 g Aprikosen
4 Zwiebeln
4 getrocknete Feigen
1 Knoblauchzehe
600 ml Fleischbrühe
4 EL Olivenöl
4 EL Mehlschwitze
etwas Chilipulver
etwas Salz
etwas Pfeffer

Nährwerte p. P.

442 kcal
19 g Kohlenhydrate
22 g Fett
40 g Eiweiß

1 Zunächst den Backofen auf 180 °C Umluft vorheizen und das Lammfleisch unter fließendem Wasser abspülen, mit einem Küchenpapier trocken tupfen und in Stücke schneiden. Anschließend die Schale der Zwiebeln abziehen und grob hacken sowie den Knoblauch schälen und fein würfeln.

2 Als Nächstes das Olivenöl in einen Schmortopf füllen, heiß werden lassen und das Fleisch bei mäßiger Hitze darin anbraten. Nach 4 bis 5 Minuten die Zwiebeln und den Knoblauch hinzufügen und mit anschwitzen. Währenddessen mit Chili, Salz und Pfeffer bestäuben und anschließend mit der Brühe aufgießen. Den Schmortopf mit einem Deckel verschließen, in den Backofen geben und für etwa 60 Minuten garen.

3 In der Zwischenzeit die Feigen in Hälften zerteilen und nach Ablauf der Garzeit zusammen mit den Aprikosen in den Schmortopf geben und für weitere 30 Minuten im Ofen garen.

4 Danach den Spinat in ein Sieb geben, gründlich waschen und kurz abtropfen lassen. Im Anschluss in einen Topf füllen und bei mäßiger Hitze für etwa 5 Minuten garen, bis er zusammenfällt. Den fertigen Spinat zurück in das Sieb geben, abtropfen lassen und leicht ausdrücken.

5 Nach Ende der Garzeit den Topf aus dem Ofen nehmen, die Mehlschwitze einrühren, sodass die Soße etwas andickt. Abschließend den Spinat vorsichtig unterheben und das fertige Kuzu Güvec mit Chili, Salz und Pfeffer final abschmecken. Direkt servieren und genießen.

KÖFTE (FRIKADELLE)

 4 Port.
 30 Min.
 Leicht

Zutaten

800 Lammhackfleisch
4 Zwiebeln
4 Knoblauchzehen
2 Eier
1 Brötchen vom Vortag
1 Bund Petersilie
4 EL Olivenöl
4 EL Semmelbrösel
3 TL Kreuzkümmel
Öl zum Braten
Salz
Pfeffer

Nährwerte p. P.

483 kcal
25 g Kohlenhydrate
23 g Fett
43 g Eiweiß

1 Zunächst die Petersilie waschen, trocken tupfen und fein hacken. Anschließend die Schale der Zwiebel und des Knoblauchs abziehen und beides fein würfeln. Danach das Brötchen fein zerkleinern und zusammen mit dem Knoblauch und den Zwiebeln in eine Schüssel füllen. Das Ei sowie das Hackfleisch hinzufügen und alles mit Kreuzkümmel, Salz und Pfeffer würzen.

2 Die Masse gründlich vermengen und portionsweise die Semmelbrösel einarbeiten. Abschließend die Petersilie sowie das Olivenöl dazugeben und ausgiebig durchkneten.

3 Mit feuchten Händen nun aus der Masse leicht ovale Frikadellen formen (ca. 6 cm lang und 3 cm dick).

4 Nun das Öl in eine Pfanne füllen, erhitzen und die Köfte bei starker Hitze rundherum scharf anbraten und anschließend bei schwacher Hitze für ca. 2 bis 3 Minuten durchgaren. Direkt servieren und warm genießen.

PIRZOLA (LAMMKOTELETT)

 4 Port.
 5 Std.
Leicht

Zutaten

1 kg Lammkoteletts
2 Knoblauchzehen
Lammgewürzmischung
Olivenöl
Zitronenthymian
Zimt
grobes Salz

Nährwerte p. P.

375 kcal
1 g Kohlenhydrate
21 g Fett
45 g Eiweiß

1 Zunächst das Lammfleisch unter fließendem Wasser abspülen, mit einem Küchenpapier trocken tupfen und leicht platt klopfen. Anschließend das Olivenöl in ein Gefäß geben, den Knoblauch schälen und dazupressen. Das Lammgewürz, etwas Zitronenthymian sowie Zimt und etwas Salz hinzufügen und kräftig einrühren.

2 Das Fleisch mit der Marinade bestreichen, leicht einmassieren und abschließend in Frischhaltefolie einschlagen. Das Fleisch in den Kühlschrank legen und für ca. 2 Stunden durchziehen lassen. In der Zwischenzeit den Backofen auf 80 °C Umluft vorheizen.

3 Das Fleisch aus dem Kühlschrank nehmen und samt Folie in eine feuerfeste Schale legen. Die Schale in den Ofen geben und für 1 bis 2 Stunden im Backofen garen.

4 Nach Ablauf der Garzeit das Fleisch aus dem Ofen nehmen, die Folie entfernen und die Lammkoteletts in einer Pfanne bei starker Hitze von beiden Seiten scharf anbraten.

5 Das fertige Pirzola aus der Pfanne nehmen, aufschneiden und heiß servieren.

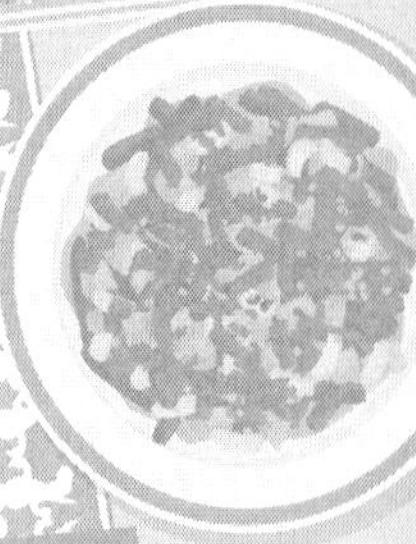

KUZU KAVURMA (LAMM MIT KARTOFFELN AUS DEM OFEN)

4 Port.

3 Std. 15 Min.

Leicht

Zutaten

800 g Lammgulasch
750 g vorwiegend festkochende Kartoffeln
4 Zweige Thymian
3 grüne Spitzpaprika
2 Zweige Rosmarin
1 Fenchelknolle
1 Zwiebel
100 ml Weißwein
4 EL Rapsöl
1 TL Acı Pul Biber
½ TL gemahlene Fenchelsamen
Salz
Pfeffer

Nährwerte p. P.

533 kcal
40 g Kohlenhydrate
17 g Fett
46 g Eiweiß

1 Zunächst die Kartoffeln schälen und in Spalten schneiden. Anschließend in ein Sieb füllen und unter kaltem Wasser gründlich durchwaschen. Nun einen Topf mit Wasser befüllen, salzen und aufkochen. Die Kartoffelspalten in das kochende Wasser geben und für 5 bis 7 Minuten gar kochen. Danach in ein Sieb abkippen, abtropfen lassen und im Anschluss zurück in den Topf füllen. Mit 3 bis 4 Prisen Salz bestreuen und mehrfach vorsichtig für ca. 30 Sekunden wenden. Abschließend auf ein sauberes Küchenhandtuch kippen und abkühlen lassen.

2 Als Nächstes das Lammfleisch unter fließendem Wasser abspülen, mit einem Küchenpapier trocken tupfen und in mundgerechte Stücke zerkleinern. Das Fleisch nun mit etwas Salz einreiben und anschließend mit Pul Biber, Fenchelsamen und Pfeffer bestreuen. Leicht einmassieren und für ca. 60 Minuten ziehen lassen.

3 In der Zwischenzeit den Backofen auf 200 °C Ober- und Unterhitze vorheizen. Nun die Schale der Zwiebel abziehen, halbieren und in Scheiben schneiden. Danach die Paprika waschen, die Kerne entfernen und die Schote würfeln. Zum Schluss noch den Fenchel putzen, den Strunk herausschneiden, vierteln und in Streifen schneiden.

4 Im Anschluss die Kartoffelspalten und das Fleisch in eine Tepsi (wahlweise auch eine normale Auflaufform) füllen und mit dem Rapsöl vermengen. Anschließend das vorbereitete Gemüse untermischen und den Thymian sowie den Rosmarin waschen, trocken tupfen und mit in die Form legen. Die Tepsi mit Alufolie bedecken, in den Ofen schieben und für 30 Minuten garen.

5 Nach Ende der Garzeit die Folie entfernen, das Gemüse mit dem Wein begießen und nochmals für ca. 35 Minuten garen. Hierbei ca. alle 10 Minuten vorsichtig einmal umrühren.

6 Vor dem Servieren den Rosmarin sowie den Thymian aus der Form nehmen und das fertige Kuzu Kavurma noch warm genießen.

GÜVEC (SCHMORTOPF MIT AUBERGINE)

4 Port.

1 Std. 40 Min.

Leicht

Zutaten

500 g Lammkeule
150 g Butter
3 Tomaten
3 Knoblauchzehen
2 Auberginen
2 Zwiebeln
2 grüne Paprika
1 rote Paprika
Salz
Pfeffer

Nährwerte p. P.

531 kcal
17 g Kohlenhydrate
36 g Fett
31 g Eiweiß

1 Zunächst den Backofen auf 160 °C Umluft vorheizen und den Römertopf für etwa 10 Minuten in kaltem Wasser ruhen lassen. Danach 75 g Butter flöckchenweise in dem gewässerten Römertopf verteilen. Nun die Aubergine waschen, die Enden abtrennen, würfeln und die Hälfte davon in dem vorbereiteten Topf verteilen. Danach das Lammfleisch unter fließendem Wasser abspülen, mit einem Küchenpapier trocken tupfen und zerkleinern. Die Hälfte davon auf die Auberginenwürfel in den Topf schichten (hierbei auch den Knochen in den Römertopf füllen). Den Gemüse-Fleisch-Mix mit der restlichen Butter flöckchenweise bedecken und die restlichen Auberginenwürfel sowie das Fleisch schichtweise darübergeben.

2 Nun die Paprika waschen, das Kerngehäuse entfernen und die Schoten zerkleinern sowie die Schale der Zwiebeln abziehen und hacken. Danach noch die Tomaten waschen, die Stielansätze herausschneiden und würfeln. Das vorbereitete Gemüse in den Römertopf füllen und abschließend den Knoblauch schälen und dazupressen. Mit Salz und Pfeffer würzen und anschließend den Topf mit einem Deckel verschließen. Für etwa 60 Minuten garen.

3 Nach Ende der Garzeit den fertigen Güvec aus dem Ofen nehmen, den Knochen aus dem Topf nehmen und den Schmortopf auf vier Teller verteilen. Direkt servieren und noch warm genießen.

TANTUNI (GEFÜLLTE WRAPS)

6 Port.

25 Min.

Leicht

Zutaten

600 g Fleisch nach Wahl
180 ml Wasser
6 Wraps
3 Tomaten
2 rote Zwiebeln
1 Bund glatte Petersilie
2 EL Öl
1 EL Olivenöl
edelsüßes Paprikapulver
scharfes Paprikagewürz
Salz
Pfeffer

Nährwerte p. P.

391 kcal
37 g Kohlenhydrate
14 g Fett
28 g Eiweiß

1 Zunächst das Fleisch unter fließendem Wasser abspülen, mit einem Küchenpapier trocken tupfen und in kleine Würfel schneiden. Nun das Öl in eine Pfanne füllen, erhitzen und das Fleisch bei mäßiger Hitze rundherum anbraten. Nach 4 bis 5 Minuten das Wasser hinzugießen und unter Rühren garen, bis das Wasser vollständig verdampft ist. Abschließend mit beiden Sorten Paprikapulver, Salz und Pfeffer würzen.

2 In der Zwischenzeit die Tomaten waschen, die Stielansätze entfernen und in Scheiben aufschneiden. Danach die Schale der Zwiebeln abziehen und diese in Ringe zerteilen. Das Gemüse in eine Schüssel füllen, mit dem Olivenöl beträufeln und mit etwas Paprikapulver bestäuben. Gründlich vermengen und etwas durchziehen lassen. Abschließend noch die Petersilie waschen, trocken tupfen und hacken.

3 Nun einen Wrap auslegen, etwas Fleisch mittig darauf verteilen und mit dem Gemüse toppen. Mit etwas Petersilie bestreuen, einrollen und den fertigen Tantuni genießen.

MANTI (TEIGTASCHEN MIT JOGHURT)

4 Port.

1 Std. 10 Min.

Leicht

Zutaten

400 g Dinkelmehl Typ 1050
300 g Joghurt
200 g Lammhackfleisch
1 Ei
1 Zwiebel
½ Bund Petersilie
150 ml warmes Wasser
3 EL flüssige Butter
1 EL Zitronensaft
2 TL scharfes Paprikapulver
Salz

Nährwerte p. P.

568 kcal
74 g Kohlenhydrate
17 g Fett
28 g Eiweiß

1 Zunächst das Mehl in eine Rührschüssel füllen, mit 1 EL flüssiger Butter sowie dem Ei vermischen und mit dem Wasser aufgießen. Zu einem homogenen Teig verkneten, mit einem Geschirrhandtuch abdecken und für ca. 30 Minuten ruhen lassen.

2 In der Zwischenzeit die Schale der Zwiebel abziehen und fein würfeln sowie die Petersilie waschen, trocken tupfen und fein hacken. Beides in eine zweite Schüssel füllen, das Hackfleisch dazugeben und mit 1 TL Paprikapulver sowie etwas Salz würzen. Gründlich vermengen und kurz ziehen lassen.

3 Nun eine Arbeitsfläche mit etwas Mehl bestäuben und den Teig darauf dünn ausrollen. Mithilfe eines scharfen Messers den Teig in Quadrate (ca. 3 × 3 cm) zerteilen. Jedes Quadrat mit ½ TL der Hackmasse befüllen, die Spitzen mittig einklappen und zusammendrücken.

4 Als Nächstes einen Topf mit Wasser befüllen, salzen und aufkochen. Die Teigtaschen vorsichtig in das kochende Wasser geben und für 4 bis 5 Minuten darin garen. Im Anschluss in ein Sieb abkippen und abtropfen lassen.

5 Nun den Joghurt in eine Schüssel füllen, mit dem Zitronensaft vermischen und nach Belieben salzen. Anschließend die restliche flüssige Butter einrühren und mit etwas Paprikapulver abschmecken.

6 Die fertigen Manti auf vier Teller verteilen, mit der Joghurtsoße toppen und noch warm servieren.

Vegan und vegetarisch

Wer glaubt, dass die türkische Küche nur für Fleischliebhaber geeignet ist, ist jedoch auf dem Holzweg. Die Wochenmärkte in der Türkei bestechen durch ihre Vielzahl an Obst und regional angebautem Gemüse, weshalb auch Vegetarier und Veganer voll und ganz auf ihre Kosten kommen. Ob Salate, Rote Bete oder auch Okraschoten und Auberginen – in der türkischen Küche gibt es eine Vielzahl an Gerichten, die vollkommen ohne Fleisch auskommen und in ihrer Köstlichkeit nahezu unübertrefflich sind. Probieren Sie doch einmal ein leckeres Turlu Turlz, Vejeta ryen Kebap oder auch eine klassische Pirinc Tavasi und lassen Sie sich von der Frische der Gemüsegerichte überzeugen.

VEJETARYEN LAHMACUN (VEGETARISCHE PIZZA)

20 Port.

2 Std. 5 Min.

Mittel

Zutaten

1 kg Mehl
8 Tomaten
3 Zwiebeln
1 Würfel frische Hefe
½ Bund Petersilie
500 ml Wasser
6 EL Olivenöl
3 EL Tomatenmark
2 TL Zucker
3 TL Salz
1 TL Oregano
½ TL Chilipulver
½ TL Pfeffer

Nährwerte p. P.

225 kcal
38 g Kohlenhydrate
5 g Fett
6 g Eiweiß

1 Zunächst das Wasser in eine Schüssel füllen, den Zucker sowie die Hefe dazugeben und kräftig einrühren. Anschließend portionsweise das Mehl hinzufügen und einarbeiten. Danach 1 TL Salz sowie das Olivenöl dazugeben und alles zu einem homogenen Teig verkneten. Den Teig zu einer Kugel rollen, in eine Schüssel legen, mit einem Küchenhandtuch abdecken und an einem warmen Ort für ca. 45 Minuten ruhen lassen.

2 In der Zwischenzeit die Tomaten am Stielansatz kreuzförmig einritzen, mit kochendem Wasser überbrühen und mit kaltem Wasser abschrecken. Nun die Haut der Tomaten vorsichtig abziehen und das Fruchtfleisch hacken. Anschließend die Petersilie waschen, trocken tupfen und ebenfalls hacken sowie die Zwiebeln schälen und sehr fein würfeln. Alles in eine zweite Schüssel füllen, mit dem Tomatenmark verrühren und mit Oregano, Chili, Salz und Pfeffer würzen.

3 Nun den Backofen auf 220 °C Ober- und Unterhitze vorheizen und den Teig in 20 gleich große Stücke teilen (je ca. 80 g). Jeden Teigling mithilfe eines Nudelholzes ausrollen und auf ein mit Backpapier ausgelegtes Backblech legen. Jeden Fladen mit jeweils 2 EL der Gemüse-Masse toppen und leicht verstreichen. Im Anschluss das Blech in den Ofen schieben und für ca. 4 bis 5 Minuten goldbraun backen.

4 Die fertigen Vejetaryen Lahmacun aus dem Ofen nehmen, kurz abkühlen lassen und dann noch warm servieren und genießen.

KIZARTMA TARIFI (FRITTIERTES GEMÜSE)

4 Port.

40 Min.

Leicht

Zutaten

500 g Kartoffeln
400 g grüne Peperoni
1 Dose gehackte Tomaten
1 Knoblauchzehe
1 Bund Petersilie
500 ml Öl
½ TL Salz

Nährwerte p. P.

247 kcal
28 g Kohlenhydrate
12 g Fett
5 g Eiweiß

1 Zunächst die Kartoffeln waschen, trocken tupfen und anschließend in kleine Würfel schneiden. Nun das Öl in einen Topf füllen, erhitzen und die Kartoffelwürfel portionsweise darin für 7 bis 10 Minuten frittieren. Dabei mehrfach mithilfe einer Schöpfkelle wenden. Die frittierten Würfel auf einen mit Küchenpapier ausgelegten Teller legen und abtropfen lassen.

2 Nun die Petersilie waschen, trocken tupfen und hacken. Zusammen mit den Kartoffeln in eine Schüssel füllen, mit Salz bestreuen und kräftig vermischen.

3 Als Nächstes die Peperoni waschen, der Länge nach aufschneiden, die Kerne entfernen und die Schote in Stücke zerkleinern. Die Chilischoten im selben Öl wie die Kartoffeln für 3 bis 5 Minuten frittieren, ebenfalls auf einem Küchenpapier abtropfen lassen und dann über den Kartoffeln verteilen.

4 Nun die Dosentomaten in einen kleinen Topf füllen und erhitzen. Währenddessen den Knoblauch schälen und sehr fein hacken. Den gehackten Knoblauch zu den Tomaten geben, einrühren und leicht salzen. Unter Rühren bei starker Hitze anschwitzen und dann gleichmäßig über das frittierte Gemüse geben. Das fertige Kizartma Tarifi wahlweise warm oder kalt genießen.

BULGUR BEYAZ PEYNIRLI GÜVEC (BULGUR-SCHAFSKÄSE-AUFLAUF)

4 Port.

50 Min.

Leicht

Zutaten

500 g Zucchini
250 g Bulgur
200 g Schafskäse
200 g geriebener Käse
3 Tomaten
2 Zwiebeln
1 Knoblauchzehe
1 Dose geschälte Tomaten
700 ml Gemüsebrühe
4 EL Öl
3 EL Tomatenmark
1 EL Kräuter der Provence
1 TL Schwarzkümmel
1 TL Ras el Hanout
1 TL Harissa Paste
Salz
Pfeffer

Nährwerte p. P.

754 kcal
59 g Kohlenhydrate
41 g Fett
34 g Eiweiß

1 Zunächst die Schale der Zwiebel abziehen und fein hacken. Danach 2 EL Öl in einen Topf füllen, erhitzen und die Zwiebeln bei mäßiger Hitze darin anschwitzen. Nach 2 bis 3 Minuten den Bulgur einrieseln lassen, kurz andünsten und dann mit der Brühe aufgießen. Kurzzeitig aufkochen lassen und anschließend bei schwacher Hitze für ca. 20 Minuten garen lassen. Hierbei zwischenzeitlich umrühren und kurz vor Ende der Ziehzeit das Ras el Hanout untermischen.

2 Als Nächstes die Zucchini waschen, der Länge nach zerteilen und in Scheiben aufschneiden. Nochmals 2 EL Öl in eine Pfanne geben, erhitzen und die Zucchini darin andünsten. Nun den Knoblauch schälen und zu der Zucchini in die Pfanne pressen. Im Anschluss das Tomatenmark einrühren, das Harissa hinzufügen und alles zusammen kurz anbraten. Danach mit den Dosentomaten ablöschen. Hierbei die Tomaten leicht zerdrücken. Alles gründlich verrühren und zwischenzeitlich mit Schwarzkümmel, Kräutern der Provence sowie Salz und Pfeffer würzen. Bei mäßiger Hitze für 5 bis 10 Minuten sanft einkochen lassen und dann vom Herd nehmen.

3 Nun den Backofen auf 200 °C Ober- und Unterhitze vorheizen. Die Tomaten waschen, die Stielansätze entfernen und in Würfel schneiden sowie den Feta in mundgerechte Stücke zerkleinern. Beides zusammen mit dem Bulgur zu der Zucchini in die Pfanne geben, vorsichtig vermengen und in eine Auflaufform umfüllen. Den Bulgur-Gemüse-Mix mit dem Käse bestreuen, in den Ofen schieben und für 20 bis 25 Minuten goldbraun backen.

4 Nach Ende der Backzeit die Form aus dem Ofen nehmen, kurz abkühlen lassen und den fertigen Bulgur Beyaz Peynirli Güvec servieren und genießen.

PATLICAN DOLMASI (GEFÜLLTE AUBERGINE)

4 Port.

1 Std. 15 Min.

Leicht

Zutaten

100 g geriebener Käse
3 rote Spitzpaprika
2 Auberginen
2 Knoblauchzehen
1 Zitrone
2 EL Petersilie
Kreuzkümmel
Salz
Pfeffer

Nährwerte p. P.

217 kcal
15 g Kohlenhydrate
10 g Fett
11 g Eiweiß

1 Zunächst den Backofen auf 180 °C Ober- und Unterhitze vorheizen und ein Backblech mit Backpapier auslegen.

2 Als Nächstes die Auberginen waschen, trocken tupfen und halbieren. Die Hälften mithilfe eines Löffels aushöhlen und hierbei nur einen schmalen Rand stehen lassen. Das Auberginen-Fruchtfleisch zerkleinern und in eine Schüssel füllen. Danach die Paprika waschen, das Kerngehäuse entfernen und die Schote in schmale Streifen schneiden. Nun die Schale vom Knoblauch abziehen und die Zehen sehr fein hacken sowie die Petersilie waschen, trocken tupfen und ebenfalls fein hacken. Zum Schluss noch die Zitrone waschen, trocken reiben und die Schale mithilfe einer Reibe fein abraspeln. Danach die Zitrone halbieren und den Saft herauspressen.

3 Alles zu der Aubergine in die Schüssel geben, mit dem geriebenen Käse vermischen und mit Kreuzkümmel, Salz und Pfeffer würzen. Alles gründlich vermengen und die fertige Masse in die vorbereiteten Auberginenhälften füllen. Die Auberginen auf das vorbereitete Backblech legen, in den Ofen schieben und für 55 bis 60 Minuten backen.

4 Nach Ende der Backzeit die fertigen Patlican Dolmasi aus dem Ofen nehmen, kurz abkühlen lassen und noch warm servieren.

VEJETARYEN KEBAP (GEMÜSESPIEẞE)

4 Port.

1 Std.
15 Min.

Leicht

Zutaten

800 g mehligkochende Kartoffeln
2 Handvoll Salatblätter
1 große Zucchini
1 rote Paprika
1 gelbe Paprika
1 Aubergine
1 Peperoni
7 EL Olivenöl
2 EL Weißweinessig
1 Prise Kreuzkümmel
1 Prise Cayennepfeffer
1 Prise Zucker
Salz
Pfeffer

Nährwerte p. P.

38 g Kohlenhydrate
27 g Fett
7 g Eiweiß

1 Zunächst die Kartoffeln schälen, in einen Topf füllen und mit reichlich Wasser aufgießen. Leicht salzen und bei mäßiger Hitze für ca. 25 bis 30 Minuten kochen.

2 In der Zwischenzeit den Backofen auf 180 °C Ober- und Unterhitze vorheizen. Danach die Zucchini waschen, trocken reiben und in Scheiben schneiden. Danach die Paprika waschen, das Kerngehäuse entfernen und die Schote in mundgerechte Stücke zerteilen. Zum Schluss noch die Aubergine waschen, die Enden abschneiden und in Würfel schneiden. Das Gemüse in eine Schüssel füllen, mit 2 EL Olivenöl beträufeln sowie mit Kreuzkümmel, Cayennepfeffer, Salz und Pfeffer würzen. Alles gründlich vermengen.

3 Das marinierte Gemüse nun im Wechsel auf acht Metallspieße stecken und die Spieße auf das Gitter im Backofen legen. Eine Fettpfanne unterstellen und das Gemüse für ca. 20 bis 25 Minuten im Ofen garen.

4 Währenddessen den Salat waschen, trocken tupfen, zerkleinern und in eine Schüssel geben. Nun die Peperoni waschen, der Länge nach aufschneiden, die Kerne herauskratzen und die Schote in sehr feine Streifen schneiden. Die Peperoni in ein kleines Gefäß füllen, mit 3 EL Olivenöl sowie dem Essig aufgießen und mit Zucker, Salz und Pfeffer würzen. Gründlich verquirlen und etwas ziehen lassen. Im Anschluss das Dressing über den Salat gießen, vermengen und nochmals etwas ziehen lassen.

5 Nun die Kartoffeln in ein Sieb abkippen, kurz ausdampfen lassen und dann mithilfe einer Presse zerdrücken. Die Kartoffelmasse mit 2 EL Olivenöl vermischen und leicht salzen. Nun das Kartoffelpüree auf vier Teller verteilen, etwas Salat daneben anrichten und mit den fertigen Gemüsespießen toppen. Das fertige Vejetaryen Kebap servieren und direkt genießen.

TURLU TURLZ (RATATOUILLE)

4 Port.

60 Min.

Leicht

Zutaten

400 g Feta
3 Tomaten
2 rote Paprikaschoten
2 Zucchini
2 Knoblauchzehen
1 Aubergine
1 Zwiebel
250 ml Wasser
4 EL Olivenöl
1 EL Tomatenmark
Oregano
Zimt
Salz
Pfeffer

Nährwerte p. P.

440 kcal
9 g Kohlenhydrate
35 g Fett
20 g Eiweiß

1 Zunächst die Schale vom Knoblauch sowie der Zwiebel abziehen und beides fein hacken. Anschließend die Aubergine waschen, die Enden abtrennen und würfeln. Danach 2 EL Öl in einen Schmortopf füllen, erhitzen und das vorbereitete Gemüse darin bei mäßiger Hitze für ca. 8 bis 10 Minuten anbraten.

2 Währenddessen den Backofen auf 180 °C Umluft vorheizen. Im Anschluss die Tomaten waschen, die Stielansätze entfernen und würfeln. Danach die Paprika waschen, das Kerngehäuse entfernen und die Schote zerkleinern sowie die Zucchini waschen, die Enden abtrennen und in Stifte schneiden. Das Gemüse zu der Aubergine in den Topf füllen, mit anschwitzen und währenddessen mit Zimt und Oregano würzen sowie salzen und pfeffern.

3 Als Nächstes das Tomatenmark zum Gemüse geben, einrühren und dann mit dem Wasser aufgießen. Abschließend mit 2 EL Öl beträufeln und den Topf in den Ofen stellen. Für etwa 25 bis 30 Minuten im Ofen garen.

4 Zwischenzeitlich den Feta in Scheiben schneiden und etwa 5 Minuten vor Ablauf der Garzeit auf dem Gemüse verteilen.

5 Das fertige Turlu Turlz aus dem Ofen nehmen, kurz abkühlen lassen und dann noch heiß servieren und genießen.

PIRINC TAVASI (REISPFANNE)

4 Port. 60 Min. Leicht

Zutaten

3 Tomaten
2 rote Paprika
2 Dosen gehackte Tomaten
1 ½ Tassen Wasser
1 Tasse Milchreis
1 Zitrone
1 Zucchini
½ Zwiebel
5 EL Olivenöl
3 EL Tomatenmark
2 EL Minze
1 TL Salz
1 TL Pfeffer

Nährwerte p. P.

182 kcal
34 g Kohlenhydrate
2 g Fett
6 g Eiweiß

1 Zunächst den Backofen auf 180 °C Umluft vorheizen. Anschließend den Milchreis in ein tiefes Backblech füllen, das Tomatenmark sowie die Dosentomaten dazugeben und gründlich vermischen. Anschließend die Zitrone halbieren, den Saft dazupressen und das Olivenöl sowie das Wasser dazugeben. Mit Minze, Salz und Pfeffer würzen und nochmals ausgiebig durchmischen.

2 Als Nächstes die Schale der Zwiebel abziehen und hacken sowie die Zucchini waschen, die Enden abtrennen und würfeln. Danach die Paprika waschen, das Kerngehäuse entfernen und die Schoten in mundgerechte Stücke zerkleinern. Zum Schluss noch die Tomaten waschen, die Stielansätze entfernen und ebenfalls zerstückeln. Das vorbereite Gemüse über dem Milchreis verteilen und das Blech in den Ofen schieben. Für etwa 45 bis 50 Minuten im Ofen garen.

3 Nach Ende der Garzeit die fertige Pirinc Tavasi aus dem Ofen nehmen, kurz abkühlen lassen und dann noch heiß servieren.

PIRINC PILAV (TÜRKISCHER REIS)

4 Port.

60 Min.

Leicht

Zutaten

250 g Pilavlik Pirinc (türkischer Reis)
30 g Butter
550 ml Wasser
500 ml kochendes Wasser
4 EL Olivenöl
4 EL Reisnudeln
Salz

Nährwerte p. P.

479 kcal
59 g Kohlenhydrate
22 g Fett
10 g Eiweiß

1 Zunächst den Reis in einen Topf füllen, mit dem kochenden Wasser aufgießen und leicht salzen. Ausgiebig durchrühren und für ca. 30 Minuten ziehen lassen.

2 Nach Ende der Ziehzeit in ein Sieb abkippen, mit kaltem Wasser durchwaschen und dann abtropfen lassen.

3 Währenddessen das Olivenöl in einen zweiten Topf füllen, erhitzen und die Reisnudeln bei mäßiger Hitze für 3 bis 5 Minuten goldbraun anbraten. Im Anschluss die Butter mit in den Topf füllen, schmelzen lassen und leicht schaumig rühren. Nun den fertigen Reis dazugeben und unter Rühren für 2 bis 3 Minuten mit anbraten.

4 Als Nächstes 550 ml Wasser in den Topf gießen, nochmals leicht salzen und den Topf mit einem Geschirrhandtuch bedecken. Nun mit einem passenden Deckel verschließen, sodass kein Wasserdampf austreten kann. Bei schwacher Hitze für ca. 20 Minuten garziehen.

5 Nach Ende der Garzeit den Pirinc Pilav mit einer Gabel auflockern und dann servieren.

SALCALI MAKARNA (NUDELN IN TOMATENSOßE)

4 Port.

15 Min.

Leicht

Zutaten

500 g Nudeln
40 g Tomatenmark
30 g Paprikamark
2 Knoblauchzehen
350 ml Nudelwasser
4 EL Olivenöl
1 EL Butter
1 TL Zucker
Salz
Pfeffer

Nährwerte p. P.

522 kcal
67 g Kohlenhydrate
21 g Fett
13 g Eiweiß

1 Zunächst einen Topf mit Wasser befüllen, salzen und aufkochen lassen. Die Nudeln dazugeben und nach Packungsanleitung kochen. Danach 350 ml Nudelwasser aus dem Topf entnehmen und erst danach die Nudeln in ein Sieb abkippen und abtropfen lassen.

2 Als Nächstes das Olivenöl in den bereits verwendeten Topf füllen und erhitzen. Währenddessen die Schale vom Knoblauch abziehen, die Zehen fein hacken und anschließend im heißen Öl kurz anschwitzen. Nach etwa einer Minute das Paprika- sowie das Tomatenmark hinzufügen, einrühren und anschwitzen. Nach 1 bis 2 Minuten mit dem Nudelwasser aufgießen und ausgiebig einrühren.

3 Die Soße nun mit der Butter und dem Zucker verrühren und mit Salz und Pfeffer abschmecken. Abschließend die Nudeln mit in die Soße geben, kurz ziehen lassen und dann die fertigen Salcali Makarna servieren und genießen.

KIRMIZI BIBER VE YOGURTLU MAKARNA (NUDELN MIT PAPRIKA)

2 Port.

30 Min.

Leicht

Zutaten

300 g rote Spitzpaprika
200 g Spaghetti
100 g Naturjoghurt
50 g Fetakäse
2 Knoblauchzehen
1 Bund Petersilie
2 EL Olivenöl
2 TL Tomatenmark
Chiliflocken
Salz
Pfeffer

Nährwerte p. P.

659 kcal
87 g Kohlenhydrate
23 g Fett
21 g Eiweiß

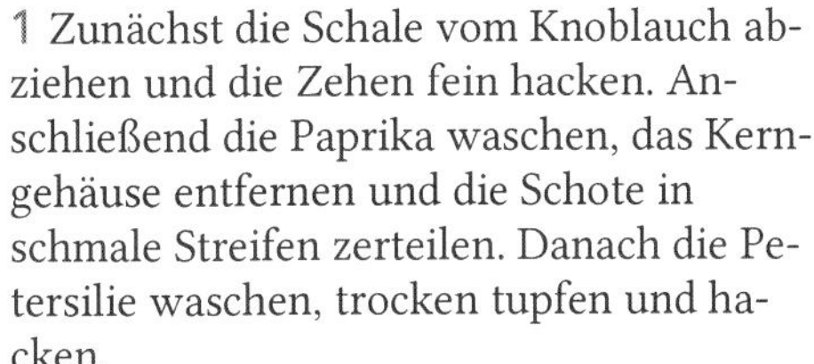

1 Zunächst die Schale vom Knoblauch abziehen und die Zehen fein hacken. Anschließend die Paprika waschen, das Kerngehäuse entfernen und die Schote in schmale Streifen zerteilen. Danach die Petersilie waschen, trocken tupfen und hacken.

2 Als Nächstes einen Topf mit reichlich Wasser befüllen, salzen und aufkochen lassen. Die Spaghetti in das kochende Wasser geben und nach Packungsanleitung garen.

3 In der Zwischenzeit das Öl in einen Topf füllen, erhitzen und die Paprikastreifen darin bei mäßiger Hitze für 4 bis 5 Minuten anschwitzen. Anschließend den Knoblauch hinzufügen und ebenfalls kurz andünsten. Zum Schluss das Tomatenmark einrühren, kurz anbraten und dann mit 4 bis 5 EL Nudelwasser ablöschen. Mit Chili, Salz und Pfeffer abschmecken.

4 Nun die Nudeln in ein Sieb abkippen, abtropfen lassen und dann zu der Paprika in den Topf geben. Gründlich vermengen und mit der Petersilie bestreuen. Danach den Joghurt in eine Schüssel füllen, leicht salzen und glatt rühren.

5 Die Nudeln samt Paprika gleichmäßig auf zwei Teller verteilen, mit etwas Joghurt toppen und den Schafskäse darüberbröseln. Die fertigen Kirmizi Biber ve Yogurtlu Makarna servieren und genießen.

BAMYA (OKRASCHOTEN)

 4 Port.

 30 Min.

 Leicht

Zutaten

500 g Okraschoten
3 grüne Spitzpaprika
2 Tomaten
1 Zwiebel
½ Zitrone
2 Gläser Wasser
2 EL Öl
½ EL Tomatenpaste
Paprikapulver
Salz
Pfeffer

Nährwerte p. P.

122 kcal
8 g Kohlenhydrate
6 g Fett
5 g Eiweiß

1 Zunächst die Schale der Zwiebel abziehen und hacken sowie die Paprika waschen, das Kerngehäuse entfernen und die Schote würfeln. Danach die Tomaten waschen, die Stielansätze heraustrennen und zerstückeln. Zum Schluss noch die Okraschoten waschen und abtropfen lassen.

2 Als Nächstes das Öl in eine tiefe Pfanne füllen, erhitzen und die Zwiebeln darin glasig andünsten. Anschließend die Paprika sowie die Tomaten hinzufügen, kurz mit anbraten und dann mit der Tomatenpaste verrühren. Für 2 bis 3 Minuten bei mäßiger Hitze anschwitzen und erst danach die Okraschoten mit in die Pfanne füllen. Mit dem Wasser aufgießen sowie die Zitrone halbieren und den Saft dazupressen. Mit Paprikagewürz, Salz und Pfeffer würzen und für ca. 12 bis 18 Minuten kochen.

3 Die fertigen Bamya servieren und noch heiß genießen.

ZEYTINYAGLI PIRASA (LAUCHGEMÜSE)

2 Port.

45 Min.

Leicht

Zutaten

1 kg Lauch
2 Möhren
2 Frühlingszwiebeln
200 ml Wasser
3 EL Olivenöl
2 EL Reis
1 TL Zucker
1 TL Salz

Nährwerte p. P.

431 kcal
33 g Kohlenhydrate
24 g Fett
12 g Eiweiß

1 Zunächst die Schale der Zwiebeln abziehen und hacken sowie die Möhren schälen und in schmale Scheiben zerteilen. Danach den Lauch putzen und dünn aufschneiden.

2 Als Nächstes 1 EL Olivenöl in einen Topf füllen, erhitzen und die Zwiebeln darin bei mäßiger Hitze andünsten. Nach 2 bis 3 Minuten die Möhren und den Lauch dazugeben und bei schwacher Hitze für ca. 10 Minuten garen. Hierbei zwischenzeitlich vorsichtig umrühren.

3 Danach mit Zucker und Salz bestreuen, den Reis hinzufügen und mit dem Wasser aufgießen. Gründlich umrühren und bei mäßiger Hitze für etwa 10 Minuten sanft köcheln lassen.

4 Zum Schluss noch das restliche Olivenöl unterziehen und das fertige Zeytinyagli Pirasa servieren und genießen.

Dips, Soßen und Aufstriche

ACILI EZMA (ROTE SCHARFE SOẞE)

 1 Port.
 2 Std.
 Leicht

Zutaten

20 g Petersilie
4 Spitzpaprika
3 rote Peperoni
3 Tomaten
1 Zwiebel
1 Knoblauchzehe
2 EL Olivenöl
½ TL Kreuzkümmel
Salz
Pfeffer

Nährwerte p. P.

622 kcal
54 g Kohlenhydrate
34 g Fett
13 g Eiweiß

1 Zunächst den Backofen auf 200 °C Umluft vorheizen und ein Backblech mit Backpapier auslegen. Danach die Paprika waschen, trocken reiben und auf das vorbereitete Backblech legen. Das Blech in den Ofen schieben und die Paprika für etwa 45 Minuten im Backofen garen.

2 In der Zwischenzeit die Schale der Zwiebel und der Knoblauchzehe abziehen und beides klein hacken. Nun das Olivenöl in eine Pfanne füllen, erhitzen und die Zwiebeln sowie den Knoblauch bei mäßiger Hitze darin für 8 bis 10 Minuten anschwitzen.

3 Währenddessen die Peperoni waschen, der Länge nach aufschneiden, die Kerne herauskratzen und die Schote in sehr dünne Streifen schneiden. Danach die Tomaten waschen, die Stielansätze entfernen und das Fruchtfleisch hacken sowie die Petersilie waschen, trocken tupfen und ebenfalls fein hacken.

4 Nach Ende der Garzeit die Paprika aus dem Ofen nehmen, kurz abkühlen lassen und die Haut vorsichtig abziehen. Die Schote aufschneiden, das Kerngehäuse entfernen und die Paprika in eine Schüssel füllen und mithilfe eines Pürierstabs fein pürieren. Nun die Peperoni, die Tomaten sowie die Zwiebeln, den Knoblauch und die Petersilie dazugeben und mit Kreuzkümmel, Salz und Pfeffer würzen. Alles gründlich miteinander vermischen und für mindestens 60 Minuten im Kühlschrank ziehen lassen.

5 Die fertige Acili Ezma vor dem Servieren nochmals kurz anrichten und dann genießen.

KAYNANA KREMI (SCHWIEGERMUTTERCREME)

 1 Port.

 10 Min.

 Leicht

Zutaten

300 g Frischkäse
12 getrocknete Tomaten in Öl
3 Knoblauchzehen
1 Zwiebel
1 Chilischote
5 EL Tomatenmark
1 EL Olivenöl
2 TL gemahlener Rosmarin
1 TL Salz
1 Prise Zucker

Nährwerte p. P.

1.492 kcal
77 g Kohlenhydrate
107 g Fett
38 g Eiweiß

1 Zunächst den Knoblauch schälen und die getrockneten Tomaten abgießen. Beides in ein hohes Gefäß füllen und mithilfe eines Pürierstabs fein pürieren. Nun die Zwiebel schälen und grob zerkleinern sowie die Chilischote waschen, der Länge nach aufschneiden und die Kerne entfernen. Beides zum Knoblauch-Zwiebel-Mix geben und dann den Frischkäse hinzufügen.

2 Nun das Tomatenmark mit in das Gefäß geben und das Olivenöl dazugießen. Mit Rosmarin, Zucker und Salz würzen und anschließend nochmals mit dem Pürierstab ausgiebig pürieren.

3 Die fertige Kaynana Kremi in ein Glas umfüllen, luftdicht verschließen und im Kühlschrank lagern. Vor dem Servieren nochmals umrühren und dann genießen.

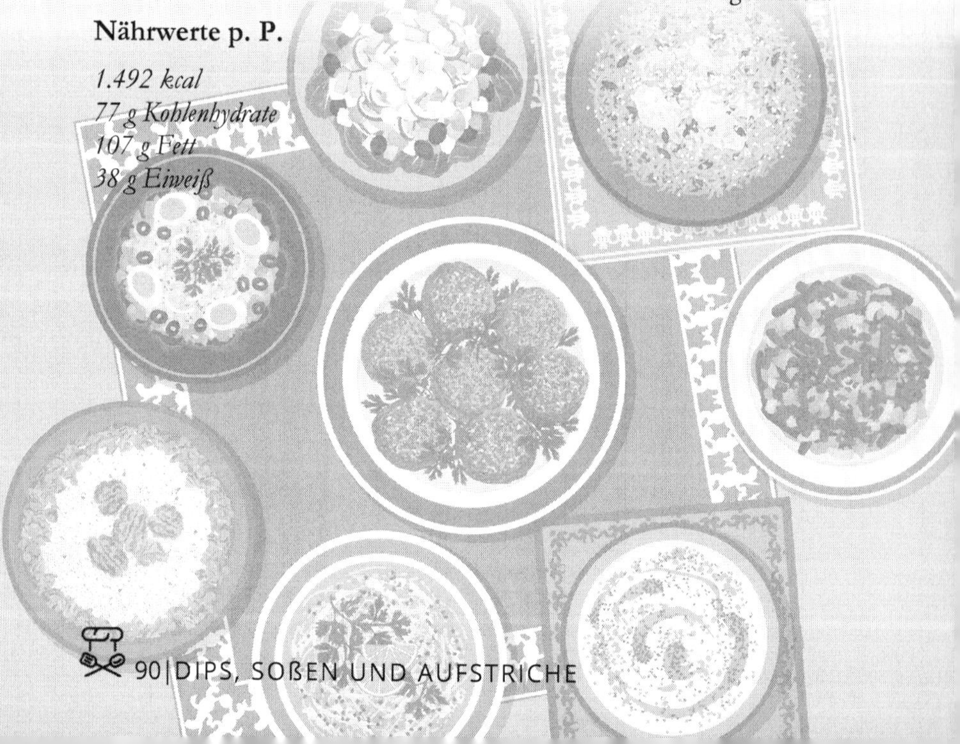

BEYAZ PEYNIR KREMASI (FETAKÄSECREME)

1 Port.

10 Min.

Leicht

Zutaten

450 g Gazi Käse
200 g Joghurt (natur)
100 g Frischkäse
80 g Ajvar (wahlweise mild/scharf)
6 Stiele glatte Petersilie
3 Knoblauchzehen

Nährwerte p. P.

1.528 kcal
34 g Kohlenhydrate
113 g Fett
92 g Eiweiß

1 Zunächst den Gazi Käse abtropfen lassen und im Anschluss würfeln. Danach die Petersilie waschen, trocken tupfen und hacken sowie den Knoblauch schälen und ebenfalls fein hacken. Die gehackten Zutaten in eine Schüssel füllen und den Joghurt sowie den Frischkäse hinzufügen. Alles gründlich verrühren.

2 Als Nächstes die Hälfte der Creme in eine kleine Schale umfüllen. In die restliche Creme das Ajvar gründlich einrühren. Die scharfe Creme in eine zweite Schale füllen und beide Cremes kurz im Kühlschrank ziehen lassen.

3 Die fertige Beyaz Peynir Kremasi vor dem Servieren nochmals kurz durchrühren und dann wahlweise die milde oder scharfe Variante genießen.

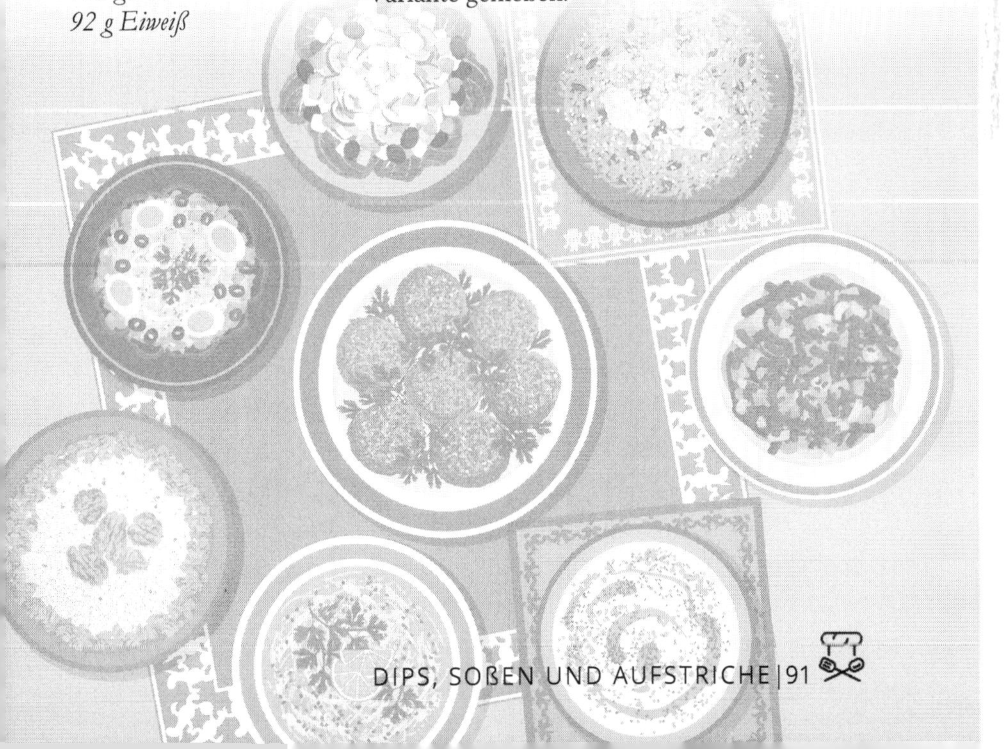

PATLICAN SOSU (AUBERGINEN-DIP)

1 Port.

2 Std.

Leicht

Zutaten

200 g Feta
10 ml Olivenöl
2 Knoblauchzehen
2 Auberginen
2 Prisen Salz
2 Prisen Pfeffer

Nährwerte p. P.

727 kcal
23 g Kohlenhydrate
48 g Fett
42 g Eiweiß

1 Backblech mit Backpapier auslegen. Die Auberginen anschließend waschen, trocken reiben und mit einer Gabel mehrfach einstechen. Die Auberginen dann auf das vorbereitete Backblech legen und im Backofen für ca. 30 Minuten garen.

2 Nach Ende der Garzeit die Auberginen aus dem Ofen nehmen, etwas abkühlen lassen und dann vorsichtig die Haut abziehen. Die Auberginen anschließend grob zerkleinern und in einen Mixer füllen.

3 Als Nächstes die Schale vom Knoblauch entfernen und die Zehen zu der Aubergine in den Mixer füllen. Nun den Feta dazubröseln und mit dem Olivenöl aufgießen. Das Ganze mit Salz und Pfeffer würzen und dann auf höchster Stufe zu einer feinen Creme mixen.

4 Den Dip in eine Schale umfüllen und im Kühlschrank für mindestens 90 Minuten durchziehen lassen. Die fertige Patlican Sosu vor dem Servieren nochmals gründlich durchrühren und dann genießen.

YOGURT SOSU (JOGHURTSOẞE)

4 Port.

50 Min.

Leicht

Zutaten

250 g Joghurt
1 EL Olivenöl
1 TL Kreuzkümmel
1 TL Paprika
2 EL Pfefferminzblätter
½ TL Salz

Nährwerte p. P.

28 kcal
1 g Kohlenhydrate
3 g Fett
1 g Eiweiß

1 Zunächst den Joghurt in eine Schüssel füllen und langsam das Olivenöl unterziehen. Anschließend mit Kreuzkümmel, Paprikapulver und Salz würzen. Zum Schluss noch die Minze unterheben.

2 Die Joghurtsoße für etwa 45 Minuten im Kühlschrank ziehen lassen. Kurz vor dem Servieren aus dem Kühlschrank nehmen, nochmals durchrühren und die fertige Yogurt Sosu genießen.

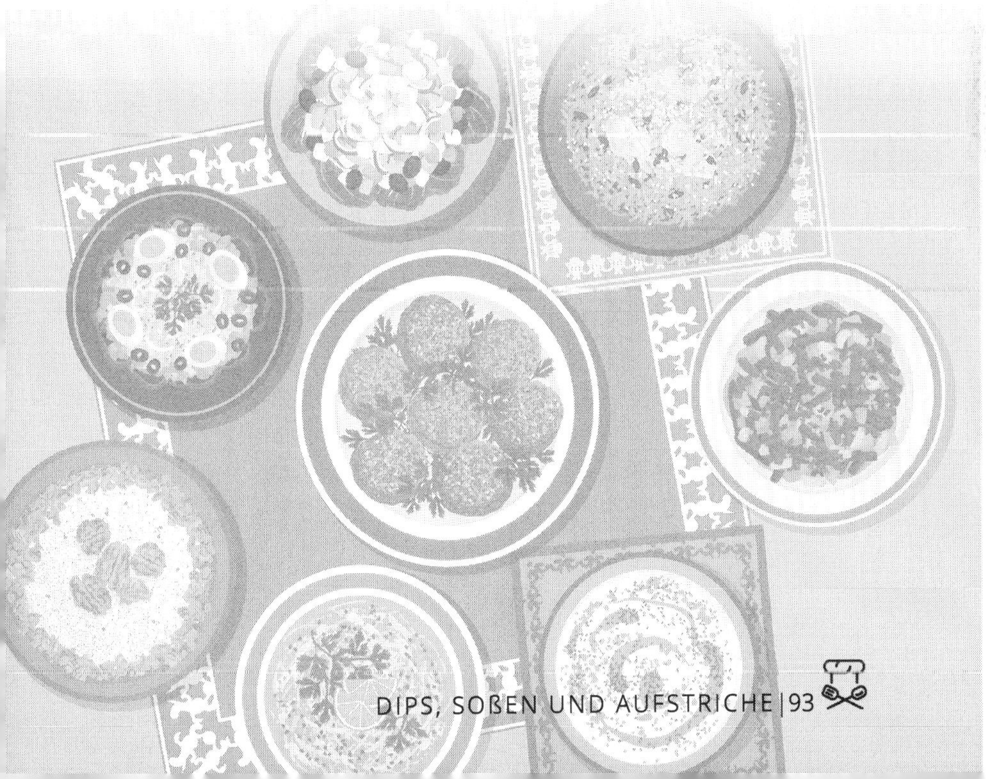

YAYMAK (BROTAUFSTRICH)

1 Port.

5 Min.

Leicht

Zutaten

100 g Frischkäse
100 g Hirtenkäse
1 Knoblauchzehe
1 Handvoll Petersilie
3 TL Ajvar
1 Prise Salz
1 Prise Pfeffer

Nährwerte p. P.

519 kcal
13 g Kohlenhydrate
47 g Fett
10 g Eiweiß

1 Zunächst den Knoblauch schälen und die Zehe sehr fein würfeln. Anschließend die Petersilie waschen, trocken tupfen und fein hacken. Beides in eine Schüssel füllen, den Frischkäse hinzufügen und alles zusammen glatt rühren.

2 Als Nächstes die Creme mit Ajvar sowie Salz und Pfeffer würzen. Zum Schluss noch den Hirtenkäse sehr fein zerbröseln und unter die Frischkäse-Masse heben.

3 Den fertigen Yaymak servieren und auf einem Stück frischem Brot genießen

Desserts

Süß, süßer, türkische Desserts. Süße Nachspeise in Kombination mit Pistazien, Nüssen oder auch Mandeln sind typisch für die türkische Küche und bestechen durch ihre Süße, welche durch eigens hergestellten Sirup erzeugt wird. Doch auch andere Leckereien wie Pudding, Eis oder Kuchen haben einen festen Platz auf den meisten Speisekarten und sind aus der türkischen Kulinarik nicht wegzudenken. Ob Baklava, Firin Sütlac, Lokma oder Saray Loumu – probieren Sie die leckeren Nachspeisen und lassen Sie Ihren Ausflug in die türkische Küche einen süßen Abschluss finden.

KÜNEFE (GEBACKENER MOZZARELLA)

5 Port. 30 Min. Mittel

Zutaten

250 g Kadayif-Teigfäden
250 g Mozzarella
100 g Butterschmalz
1 Tasse Zucker
1 Tasse Wasser
1 EL Zitronensaft
2 TL Traubensirup
etwas Butterschmalz für die Formen und zum Ausbacken
gehackte Pistazien zum Dekorieren

Nährwerte p. P.

502 kcal
29 g Kohlenhydrate
36 g Fett
15 g Eiweiß

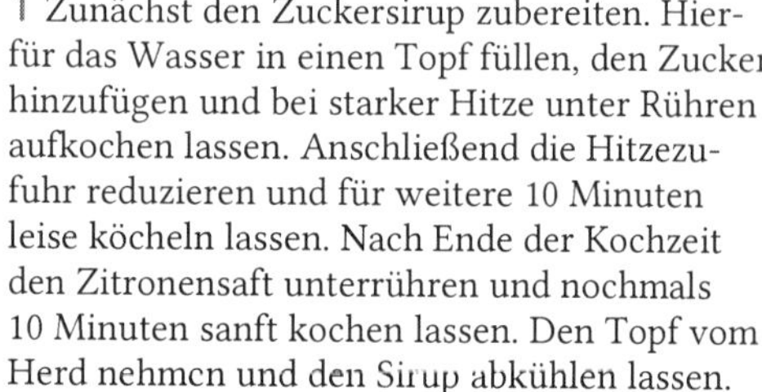

1 Zunächst den Zuckersirup zubereiten. Hierfür das Wasser in einen Topf füllen, den Zucker hinzufügen und bei starker Hitze unter Rühren aufkochen lassen. Anschließend die Hitzezufuhr reduzieren und für weitere 10 Minuten leise köcheln lassen. Nach Ende der Kochzeit den Zitronensaft unterrühren und nochmals 10 Minuten sanft kochen lassen. Den Topf vom Herd nehmen und den Sirup abkühlen lassen.

2 In der Zwischenzeit das Engelshaar klein schneiden, in eine Schüssel füllen und mit dem flüssigen Butterschmalz sowie dem Traubensirup übergießen. Ausgiebig vermengen und zu einer Art Teig kneten. Den Teig ausrollen und mithilfe einer Ausstechform oder eines Glases Kreise (ca. 20 cm) ausstechen.

3 Die Kadayif-Backformen mit reichlich Schmalz ausstreichen und je einen Teigkreis in eine Form legen. Im Anschluss den Mozzarella in Scheiben schneiden und je eine Mozzarellascheibe in eine Form auf den Teigboden legen und diese mit einem weiteren Teigkreis belegen. Abschließend mit einer weiteren Scheibe Mozzarella toppen und alles leicht andrücken. Nun für die Anzahl der hergestellten Künefe nochmals Kadayif-Formen mit Schmalz einfetten, in denen die Künefe im weiteren Verlauf gewendet werden können.

4 Als Nächstes etwas Schmalz in eine Pfanne geben, erhitzen und die Künefe nacheinander bei mäßiger Hitze für 3 bis 5 Minuten darin garen. Anschließend auf eine leere Kadayif-Form stürzen, somit wenden und die andere Seite nochmals in der Pfanne für 3 bis 4 Minuten ausbacken.

5 Die fertigen Künefe aus den Formen lösen, auf einem Teller drapieren und mit etwas Zuckersirup begießen und mit den gehackten Pistazien toppen. Noch warm servieren und genießen.

KADAYIF (SÜẞIGKEIT)

6 Port.

15 Min.

Mittel

Zutaten

600 g Zucker
500 g Kadayif-Teigfäden
250 g geschmolzene Butter
50 g gehackte Mandeln
400 ml Wasser
1 TL Zitronensaft

Nährwerte p. P.

945 kcal
114 g Kohlenhydrate
49 g Fett
10 g Eiweiß

1 Zunächst die Kadayif-Fäden auseinanderzupfen und in eine Schüssel füllen. Nun die geschmolzene Butter über die Teigfäden gießen und gründlich miteinander vermengen. Die Hälfte der Teigmasse in eine Springform füllen und auf dem Boden leicht andrücken.

2 Als Nächstes den Teigboden mit den gehackten Mandeln bestreuen und anschließend mit dem restlichen Teig toppen und diesen glatt streichen.

3 Die Form in den unvorgeheizten Backofen schieben und für ca. 25 Minuten bei 200 °C Ober- und Unterhitze backen.

4 In der Zwischenzeit den Zuckersirup zubereiten. Hierfür das Wasser in einen Topf füllen, den Zucker hinzufügen und bei starker Hitze unter Rühren aufkochen lassen. Anschließend die Hitzezufuhr reduzieren und für weitere 10 Minuten leise köcheln lassen. Nach Ende der Kochzeit den Zitronensaft unterrühren und nochmals 10 Minuten sanft kochen lassen. Den Topf vom Herd nehmen und beiseitestellen und abkühlen lassen.

5 Nach Ende der Backzeit die Springform aus dem Ofen nehmen und direkt mit dem Zuckersirup begießen. Das Gebäck für etwa 60 Minuten abkühlen lassen und erst danach in Stücke schneiden und die fertigen Kadayif servieren.

KESTANE SEKERI (SIRUP-MARONEN)

2 Port.

30 Min.

Mittel

Zutaten

500 g Maronen
25 g Ingwer
200 g Zucker
400 ml heißes Wasser
2 EL Zitronensaft

Nährwerte p. P.

864 kcal
189 g Kohlenhydrate
5 g Fett
5 g Eiweiß

1 Zunächst den Backofen auf 220 °C Ober- und Unterhitze vorheizen. Währenddessen die Maronen oben und unten mithilfe eines scharfen Messers kreuzförmig einritzen und auf ein mit Backpapier ausgelegtes Backblech legen. Das Blech in den Ofen schieben und die Maronen für etwa 30 Minuten backen.

2 Nach Ende der Backzeit das Blech aus dem Ofen nehmen, die Maronen kurz abkühlen lassen und dann schälen.

3 Als Nächstes den Zucker in einen Topf füllen und bei mäßiger Hitze schmelzen lassen. Sobald sich die Zuckermasse goldgelb färbt, mit dem Wasser aufgießen und kräftig mit dem Karamell verrühren. Nun die Schale vom Ingwer entfernen und die Knolle in dünne Scheiben schneiden. Den Ingwer zum Sirup geben, den Zitronensaft hinzufügen und alles unter Rühren aufkochen lassen. Nach dem Aufkochen die geschälten Maronen in den Sirup geben, vermengen und nochmals zum Kochen bringen.

4 Den fertigen Kestane Sekeri in Einmachgläser umfüllen, luftdicht verschließen und komplett auskühlen lassen. Nach Belieben zu Gebäck oder Eis servieren und genießen.

DONDURMA (EIS)

1 Port.

12 Std. 25 Min.

Mittel

Zutaten

150 g Zucker
65 g Getränkepulver (Instantpulver Salep)
3 g Mastix
600 ml Milch
400 ml süße Sahne

Nährwerte p. P.

2.009 kcal
191 g Kohlenhydrate
126 g Fett
28 g Eiweiß

1 Zunächst die Mastixkugeln für etwa 15 Minuten in den Tiefkühlschrank geben. Nach Ende der Kühlzeit die Mastixkügelchen in einen Mörser füllen und zu einer Art Pulver zerstoßen. Das Mastixpulver mit dem Zucker sowie dem Getränkepulver vermischen.

2 Als Nächstes die Milch sowie die Sahne in einen Topf füllen, erhitzen und die Mastix-Mischung unter Rühren unterziehen. Bei schwacher Hitze für etwa 8 bis 10 Minuten sanft köcheln lassen und zwischenzeitlich umrühren. Die Masse in eine Schale umfüllen und im Tiefkühlschrank für etwa 12 Stunden abkühlen lassen.

3 Das fertige Dondurma rechtzeitig vor dem Servieren aus dem Kühlschrank nehmen, aus der Schale lösen und mithilfe eines scharfen Messers in Scheiben aufschneiden. Das Eis direkt servieren und genießen.

FIRIN SÜTLAC (MILCHREIS)

8 Port.

30 Min.

Mittel

Zutaten

100 g Milchreis
80 g Zucker
1 Vanilleschote
1 Eigelb
1 Liter Milch
2 EL Reismehl
1 EL Rosenwasser

Nährwerte p. P.

186 kcal
28 g Kohlenhydrate
6 g Fett
5 g Eiweiß

1 Zunächst den Milchreis unter kaltem Wasser gründlich durchwaschen und im Anschluss in einen Topf füllen. Mit Wasser aufgießen, sodass der Reis knapp bedeckt ist, und das Ganze bei starker Hitze unter Rühren aufkochen lassen. Nun direkt die Hitzezufuhr reduzieren und den Reis bei schwacher Hitze für 15 bis 20 Minuten garen.

2 Als Nächstes 3 bis 4 EL der Milch in ein kleines Gefäß geben. Die restliche Milch in eine Schüssel füllen, mit dem Zucker verrühren und anschließend zum Reis in den Topf geben. Danach die Vanilleschote der Länge nach aufschneiden, das Mark herauskratzen und sowohl die leere Schote als auch das Vanillemark zum Milchreis in den Topf geben und unterheben. Bei schwacher Hitze und unter Rühren für weitere 10 Minuten sanft kochen.

3 Nach Ende der Garzeit die leere Vanilleschote aus dem Topf nehmen. Erst danach das Reismehl untermischen, nochmals aufkochen lassen und abschließend das Rosenwasser unterziehen. Den Milchreis in kleine ofenfeste Schalen umfüllen und den Backofen auf 180 °C Ober- und Unterhitze vorheizen.

4 Zum Abschluss das Eigelb in ein Gefäß geben, die zurückgehaltene Milch dazugießen und mithilfe eines Schneebesens kräftig verquirlen. Die Ei-Milch-Masse auf dem Milchreis verteilen und die Schälchen in den Backofen schieben. Für ca. 6 bis 10 Minuten goldbraun backen.

5 Nach Ende der Backzeit den fertigen Firin Sütlac aus dem Ofen nehmen, kurz abkühlen lassen und anschließend wahlweise warm oder kalt servieren.

BAKLAVA (BLÄTTERTEIG-NACHSPEISE)

1 Port.

3 Std. 20 Min.

Mittel

Zutaten

2 Pck. frischer Blätterteig
500 g Walnüsse
250 g Butter

Für den Sirup:
300 g Zucker
200 g Honig
1 Stange Zimt
6 Nelken
400 ml Wasser

Nährwerte p. P.

9.025 kcal
678 g Kohlenhydrate
645 g Fett
108 g Eiweiß

1 Zunächst den Backofen auf 150 °C Umluft vorheizen und den Blätterteig ausrollen. Den Teig in der Größe einer Kastenform ausschneiden (hierbei das Backpapier mitschneiden) und auf den Boden der Backform legen. Den Teig mit etwas geschmolzener Butter bestreichen und mit einer Schicht Nüssen bestreuen. Nach diesem Prinzip den gesamten Teig, die Butter und die Nüsse verarbeiten und alles nacheinander in die Form schichten. Hierbei mit einer Lage Teig enden, nochmals mit Butter bepinseln und mithilfe einer Gabel mehrfach einstechen.

2 Die Kastenform in den Backofen schieben und für ca. 40 bis 45 Minuten backen.

3 In der Zwischenzeit den Sirup zubereiten. Dafür das Wasser in einen kleinen Topf gießen und den Zucker einrühren, bis sich die Zuckerkristalle vollständig aufgelöst haben. Nun den Honig sowie die Nelken und den Zimt hinzufügen und alles unter Rühren bei mäßiger Hitze aufkochen lassen. Danach die Hitze reduzieren und das Gemisch für etwa 10 Minuten sanft köcheln lassen. Zwischenzeitlich umrühren, damit nichts ansetzt. Nach Ende der Kochzeit den Zimt sowie die Nelken aus dem Sirup entfernen.

4 Nach Ende der Backzeit die Form aus dem Ofen nehmen und den heißen Sirup direkt über das Gebäck gießen. Für mindestens 2 Stunden abkühlen und durchziehen lassen.

5 Den fertigen Baklava aufschneiden, servieren und genießen.

LOKMA (TEIGBÄLLCHEN)

4 Port.

1 Std. 50 Min.

Leicht

Zutaten

250 g Mehl
250 g + 1 EL Zucker
½ Pck. Trockenhefe
500 ml warmes Wasser
1 TL Zitronensaft
½ TL Salz
Sonnenblumenöl zum Frittieren
gehackte Pistazien oder Zimt zum Garnieren

Nährwerte p. P.

464 kcal
107 g Kohlenhydrate
1 g Fett
6 g Eiweiß

1 Zunächst 250 ml Wasser in einen kleinen Topf gießen, den Zucker hinzufügen und bei mäßiger Hitze aufkochen lassen. Hierbei mehrfach umrühren und für ca. 20 Minuten köcheln lassen. Anschließend den Zitronensaft untermischen und den Sirup vom Herd nehmen und abkühlen lassen.

2 Als Nächstes das Mehl in eine Rührschüssel füllen, die Hefe, das Salz und 1 EL Zucker dazugeben und vermischen. Das restliche warme Wasser dazugießen und alles mithilfe eines Holzlöffels zu einem Teig verrühren. Im Anschluss die Schüssel mit einem Küchenhandtuch abdecken und den Teig für ca. 60 Minuten an einem warmen Ort ruhen lassen.

3 Nach Ende der Ruhezeit den Teig nochmals kräftig durchrühren und in einen Spritzbeutel mit großer Lochtülle umfüllen. Nun das Sonnenblumenöl in einen Topf geben, erhitzen und portionsweise einen Klecks Teig in das heiße Öl spritzen. Die Bällchen für etwa 3 Minuten ausbacken und währenddessen mithilfe einer Kelle wenden, damit sie rundherum eine goldbraune Farbe bekommen. Die Bällchen anschließend auf einen mit Küchenpapier ausgelegten Teller geben und abtropfen lassen.

4 Die Teigbällchen nun nacheinander in den vorbereiteten Sirup tauchen und für je 1 Minute darin durchziehen lassen. Abschließend auf einen Teller geben und nach Belieben mit Zimt oder gehackten Pistazien bestreuen.

5 Die fertigen Lokma servieren und genießen.

KESKÜL (MANDEL-KOKOS-PUDDING)

4 Port.

3 Std. 15 Min.

Leicht

Zutaten

60 g gemahlene Mandeln
50 g Zucker
20 g Kokosraspeln
25 g Reismehl
1 Eigelb
1 Pck. Vanillezucker
500 ml Milch
75 ml Wasser
3 EL Rosenwasser
1 TL Speisestärke
einige Granatapfelkerne zum Dekorieren
einige gehackte Pistazienkerne zum Dekorieren

Nährwerte p. P.

310 kcal
28 g Kohlenhydrate
18 g Fett
8 g Eiweiß

1 zur Seite stellen. Die restliche Milch in einen Topf gießen, den Zucker sowie den Vanillezucker einrühren und die Kokosraspeln sowie die Mandeln untermischen. Bei mäßiger Hitze und unter Rühren aufkochen lassen.

2 Währenddessen das Wasser in ein weiteres Gefäß füllen und mit dem Reismehl und der Stärke verrühren.

3 Nun den Topf von der Herdplatte nehmen und direkt den Reismehl-Mix einarbeiten. Den Topf zurück auf die Herdplatte stellen und nochmals unter Rühren für 1 bis 2 Minuten kochen, bis der Pudding andickt.

4 Den Topf vom Herd nehmen und das vorbereitete Milch-Ei-Gemisch unterheben. Den Topf erneut zurück auf den Herd stellen und für weitere 2 bis 3 Minuten sanft köcheln lassen. Zwischenzeitlich umrühren, damit nichts am Topfboden ansetzt.

5 Zum Schluss noch das Rosenwasser unterziehen und den fertigen Pudding in kleine Schälchen umfüllen. Für etwa 3 Stunden vollständig abkühlen lassen.

6 Den fertigen Keskül mit einigen Pistazien sowie Granatapfelkernen toppen und genießen.

SARAY LOUMU (PUDDING-RÖLLCHEN)

10 Port.

30 Min.

Leicht

Zutaten

500 ml Sahne
300 g Kokosflocken
200 g Zucker
150 g Mehl
50 g Kakao
1 Liter Milch
5 TL Sanapart
1 TL Vanilleextrakt
6 Tropfen Orangenaroma

Nährwerte p. P.

538 kcal
40 g Kohlenhydrate
36 g Fett
9 g Eiweiß

1 und langsam erhitzen. Anschließend das Mehl sowie das Kakaopulver portionsweise unterrühren, sodass eine cremige Masse entsteht.

2 Als Nächstes die übrige Milch zu der Masse gießen, das Vanilleextrakt hinzufügen und den Pudding unter Rühren bei mäßiger Hitze für 3 bis 4 Minuten kochen.

3 Danach die Kokosflocken auf einem sauberen Backblech verteilen, den Pudding darübergießen, glatt streichen und abkühlen lassen.

4 In der Zwischenzeit die Füllung zubereiten. Hierfür die Sahne in ein hohes fettfreies Gefäß füllen und das Orangenaroma sowie das Sanapart dazugeben und die Sahne mithilfe eines Handrührgeräts steif aufschlagen. Die Sahnecreme auf dem abgekühlten Puddingboden verstreichen. Die Puddingplatte in zwei Hälften zerteilen und jeweils in Streifen (ca. 6 cm breit) schneiden. Jeden Streifen vorsichtig aufrollen.

5 Die fertigen Saray Loumu servieren und genießen.

HALVA (SESAMPASTE)

12 Port.

30 Min.

Leicht

Zutaten

80 g gehackte Pistazien
3 Tassen Rohrzucker
1 Tasse Milch
1 Tasse Tahini-Paste
1 ½ TL Kakao

Nährwerte p. P.

105 kcal
17 g Kohlenhydrate
3 g Fett
2 g Eiweiß

1 Zunächst den Zucker in einen Topf füllen, mit der Milch aufgießen und unter Rühren erhitzen (nicht kochen!). Den Topf anschließend von der Herdplatte nehmen, den Kakao sowie die Pistazienstückchen und die Tahini-Paste dazugeben, jedoch nicht einrühren. Für etwa 3 Minuten ruhen lassen und im Anschluss mithilfe eines Küchenschabers langsam, aber kräftig vermengen.

2 Nun ein Backblech mit Backpapier auslegen und die Masse daraufgießen und glatt streichen. Für etwa 25 Minuten fest werden lassen und anschließend in beliebige Formen zerschneiden.

3 Das fertige Halva als süße Nascherei servieren und genießen.

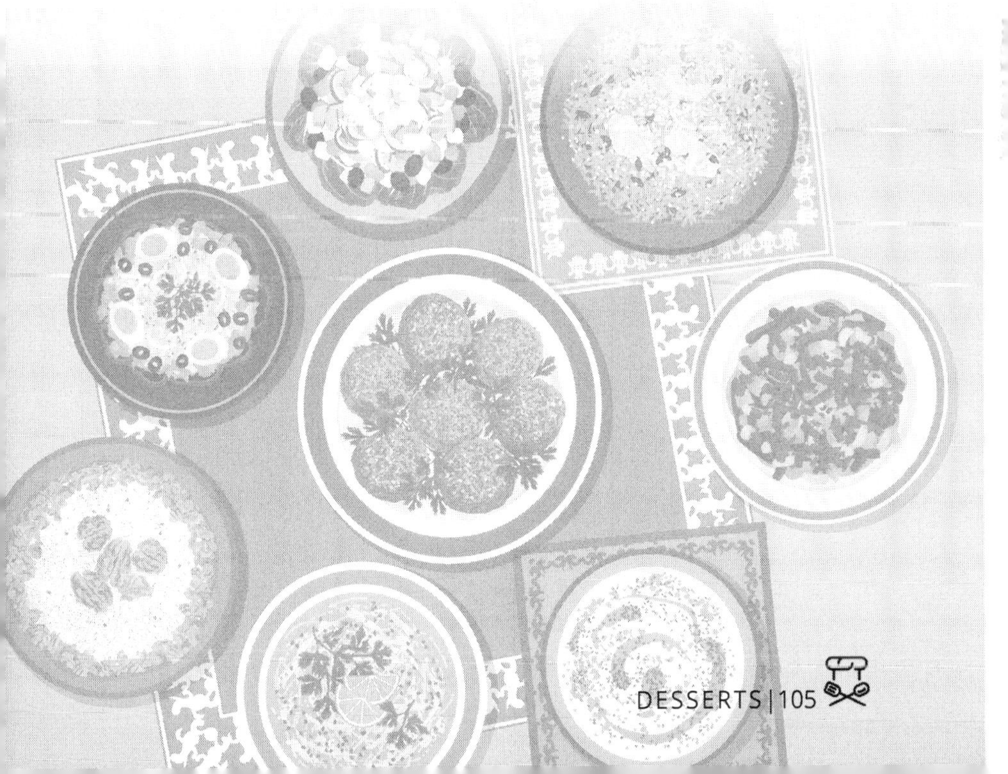